君へ、そして君のお母さんへ

——教育と家庭の絆——

西　経一　著

サンパウロ

君たちへ――〈まえがき〉に代えて――

君のお母さんは優しいですか。それとも口うるさくて厳しいですか。中学生、高校生である君に向かって、そんな単純な質問しか思い浮かべることができない私です。小学校の一年生の時に母を亡くした私には、中学生、高校生である君にとって、お母さんが、どのような存在であるのかを想像することは、なかなか難しいのです。

君はいろんな楽器を知っているでしょう。ピアノ、ヴァイオリン、フルート、トランペット、ホルン、ドラムなどなど。そして、どの楽器にも空洞の部分があって、そのカラッポの空洞の部分があることによって、音が響くのだということも知っているでしょう。打てば響くというのは、中が抜けていればこそで、詰まっていては良い響きも生まれません。

雨の日に水たまりができるのは、そこがくぼんでいるからです。同じように、バケツも鍋も中がくぼんでいてカラッポなので水を入れたりくんだりすることができます。そのように考えてみると、何かが欠けているということ、へこんでいること、くぼんでいること、抜けていることもなかなか捨てたものじゃないと、君にも思えることでしょう。

幼い頃に母を亡くしてできた心の空洞。その欠けたくぼみに響き渡る音色を、文字に写し替えて書き綴ってみました。ですから、この本の中の一文でも、君の満たされたところというより、かえって、欠けたところ、へこみやくぼみに響くことがあれば、とてもうれしく思います。

最後に、君にお願いがあります。どうか、どうか、お母さんを大切にしてください。君が幸せであることが自分の幸せなのだと思っておられる方なのです。君が赤ん坊のとき、ひとりでは何もできない君をその胸に抱いて、「よしよし、いい子」と、無条件に君のすばらしさを君に向かって宣言してくださった、唯一無二の方なのです。

君と君のお母さん、そしてご家族、皆さんの上に神さまの祝福が豊かにありますようにお祈りします。

二〇一九年十月十日

西　経一

目　次

ごくろうさまです、そして、ありがとう

右を見、左を見、後ろを振り返り、前を眺め、足元を確かめ、さらに上を仰ぎ見つつ歩み続ける、ほんとうに生きてゆくのは大変なことです。左右の人間に気を遣い、来し方を顧みつつ目標を定め、さらに、歩きながら夜空の星を観測していたために、溝に足を取られてしまった古代ギリシアの哲人ターレスの二の舞いは踏まないように用心しなければならない。まさに人生は気苦労の連続です。過去にとらわれてばかりではいけない、前を向いて進めと励まされ、迷わず前進すれば過去から学べと忠告され、神を語れば、もっと地に着いた話をするように求められ、現場に密着していると理想を忘れるなと言われる、といった具合です。

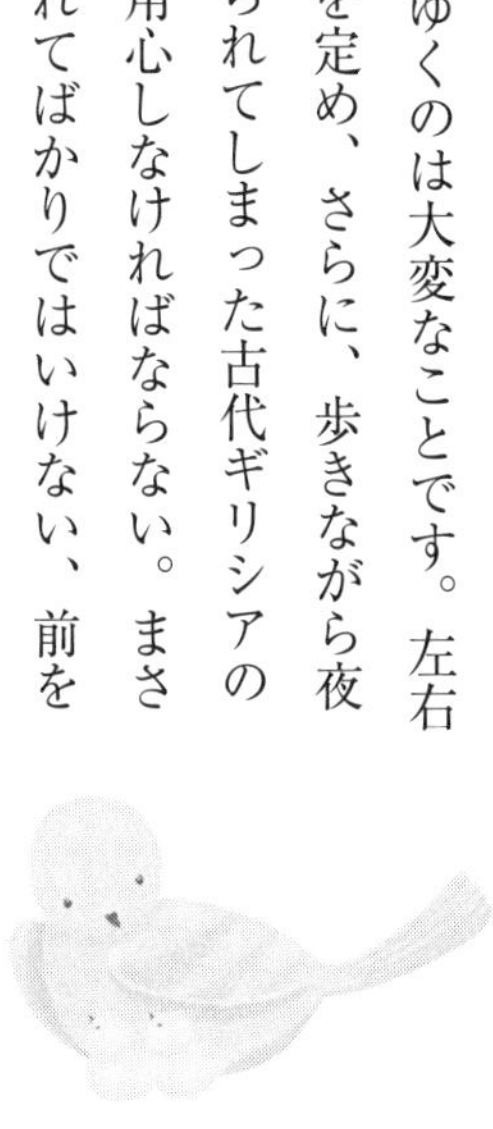

お母さま方の日常の家庭生活も、同じように大変なことでしょう。ただ子どもたちにとって、家庭は学校と比較すれば、気遣いの仕方が緩やかであるということができると

思います。緩やかであるからこそ気が休まるのですし、ゆったりとした気分で過ごすことができます。子どもたちは学校という場で、前後左右に気を遣い、過去を担い、将来を心配し、理想と現実との狭間《はざま》を行き交うということを繰り返しています。言ってみれば、成長過程における生々しい疲労が蓄積されているのです。そうした子どもたちにとって、家庭は癒やしの場にほかなりません。癒やしの場としての家庭を築き保ち、子どもたちを包みこもうとなさっておられるお母さま方のご苦労は、さらに大変なことであろうと推察されます。

例えば、手にした本から手を離せば、当たり前のことですが、下に落ちます。タークレスの言葉を借りれば、「もっとも強きものは必然なり。あらゆるものはそれに従わざるを得ない」のです。しかし、母が子を愛するのは必然でも当然でも当たり前でもありません。それは、事実として、あらゆる母がそうであるとは限らないという事件報道によってあきらかです。母が自分の子を愛するとは自然法則なのではありません。それは母としての自由意志による決断であり、その決断に基づく努力であり、苦労の積み重ねにほかなりません。であるからこそ母の日に感謝が表されるのです。自然法則であり、必然であり、当たり前であることに、どうして感謝する必要などありましょう。

学校の保護者会の席で、「皆さんのお子さん方も、きっと夜泣きされたことでしょう。大変でしたね」と語りかけると、「そうそう」とうなずき、「夜泣きした時、『まあ、うちの子はほんとうに元気で頼もしいわ』と、笑顔でお世話をなさった方はおられないはずです」と言えば、笑いとともにまたうなずき返し、「笑顔どころか、きっと舌打ちの二度もなさって、ほつれた髪をかき上げ、大きなため息とともに身を起こしてあやされたことでしょう」と締めくくれば、深いうなずきがまた返ってきました。鳥がひなに餌を与えるという本能とは違って、人間は苦痛のうちにも産み育てるという意志決定によって子どもに向き合うのです。それゆえ、人間のみが正しい意味で愛によって子を育てるのです。

子どもを愛するのには大変な苦労と努力が、さらには訓練までが必要なのだということを心に留めていただければと思います。あるときは嫌気がさし、放棄したいと思われることもおありでしょう。それが当たり前なのです。そういうときもご自分を責めたりなさらないで、どうか今一度、気を振り絞って愛を注ぎ続けてください。そうした忍耐による継続、訓練と努力以外のどこにも愛などというものは存在しないのです。そのように考えていただければ、学校の教師もまた、同じ歩みの中にいる協働者として理解していただけるのではないかと思います。ともに愛のうちに子どもたちの成長を願う者として、私たちが気遣う上下前後左右、そのすべてが愛によって担われ継続され、愛によって満たされるよう、祈りつつ歩み続けたいものです。

よしよし、いい子

「よしよし、いい子」、お父さんが、そしてお母さんが、あなたに必ずかけてくださる言葉です。どんなに柔らかい毛布よりも、この言葉をかけていただくほうがうーんと暖かいのです。赤ん坊のあなたを抱っこしては「よしよし」、頬ずりしては「いい子、いい子」。赤ん坊だったあなたに何ができたのでしょう。どんな能力を身に付けていたのでしょう。走ることはもとより、ハイハイもできなかったのですよ。オムツを濡らしては泣き、お腹をすかしては泣く、そんな何もできないあなたに向かって、「おまえはよし」「おまえはいい子だ」と、あなたの人生の初めに宣言してくださる方を、父とお呼びし、母と申し上げるのです。

ところで、世の仕組みの中では、何もできない人が「よし」とされたり、「いい子だ」と言われたりすることは決してありません。何もできなければ、役立たずと言われ、良い評価を得ることはできないのです。なぜなら、世の仕組みは交換から成り立っているからです。額に汗して働く対価としての報酬、代金を支払っての物品購入、おはようございますにはおはようございます、善いことをすればほめられ、悪いことをすれば叱られる。さらにはご祝儀やお中元、お歳暮のやりとり、ありがとう、ごめんなさい、みんなそうです。生活はこうした交換とやりとりで成立しています。生命も同じです。息を吸う吐く、栄養を摂取する、消費するといった新陳代謝と言われる交換、やりとりの繰り返しによって生命は保たれています。

そこで、お父さんお母さんは、そうした世の仕組みの中であなたが生活し、生命を保っていけるように、今度は「よしあし」を教えてくださるようになります。いたずらをすれば「いけません」と叱り、よくできれば頭をなでてくださいます。学校でも同じように教師たちが教科指導と生活指導をします。その結果として、もしあなたが物心ついてからの「よしあし」はいやになるほど身にしみているけれど、それ以前の「よしよし」のほうはまったく覚えがないとすれば、あなたの想像力にはかなりの欠陥があります。まあ、相当に頭が悪い。もちろん人生は、「よしあし」に基づく交換やりとりなしには送ることができません。しかし、人生終焉の時に、「わが人生は新陳代謝の連続であった」と言い残して息を引き取る人などいないのです。交換と新陳代謝のために生まれてきた人など誰ひととりいません。

人は誰でも、世の仕組みである交換という必要条件を身に付けただけでは、十分に幸せなのではないということを知っています。心の奥底に、あの交換なしに、条件なしに、無力である自分に語りかけていただいた「よしよし」が響いているのです。聖書では、この無償無条件に告げ知らされる「よしよし」のことを福音と言います。だから、聖書の言い分によれば、お父さんお母さんは、たとえ聖書のことは何もご存じなくても、福音の伝達者なのです。あなたが息をし始めた時に抱っこして、「よしよし」と言ってくださる方を父母とお呼びし、そして、息を引き取る時に抱き取って、「よしよし」と語りかけてくださる方を神と申し上げます。

聖書にも記されている「目には目を、歯には歯を」という交換原則は、古来、世の仕組みと法の根幹ですから廃止することなどできません。だからお父さんお母さん、そして学校で教えていただく「よしあし」は、しっかり身に付けて生きていかなくてはなりません。しかし、生きる喜び、生きがいは「よしあし」からは生まれないのです。例えば、将来、あなたが子どもに恵まれて、その子から

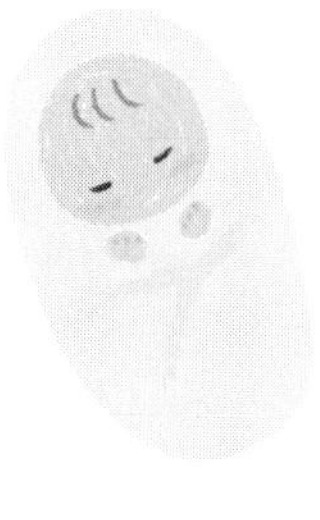

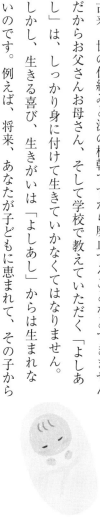

「どうしてボクがかわいいの」と聞かれたら、黙って抱いて、抱きしめて、「おバカさんだね、理由なんかいらないよ、おまえだからかわいいんだよ」と言ってあげることのできる父となり母となりなさい。その時あなたは、生きる喜びを心から味わうのだし、「よしよし」を伝える使命を果たしているのです。理由と交換できる子どもなどいないからです。

最後はおまけです。小さな子どもになったつもりでお聞きなさい。人生の終わりにあなたが神さまに会ったら、「こんなわたしなどが、どうして天国に入ることができるのでしょう」と神さまに聞いてごらんなさい。神さまはにっこりほほえんで、きっとこうお答えになることでしょう。「おまえだからだよ」。

皿と人間

風邪はひいても熱は出ないというのが私の場合は通常の症状で、つらくはあっても仕事はなんとかやり続けることができます。ところがこのたびの風邪はかなりの高熱で、身体を動かすのもおっくうでひどいものでした。食欲もないものですから、枕元に置いてもらったあっさり味のぬるめのスープを、スプーンも使わず、首を伸ばし、舌を出してペロペロなめるという情けないありさま。その体たらくに頬を気だるく緩めて、「これじゃあ、犬だなあ」と薄いため息をつくことになりました。スープ皿がスープ皿であるのは、テーブルに向かって姿勢を正して腰かけ、スプーンを使って、スープを口に運ぶからです。その時それを用いている私も人として振る舞っています。首を伸ばし、舌を出してペロペロでは、そこにあるのは餌皿で、それを使っている私も犬になり果てます。

朝礼前、早めに登校した生徒たちが中庭やグラウンドで駆け回り、ボール

遊びに興じる姿を見ることができます。お昼休みにも大勢が外に出て元気いっぱい走り回ります。ところがその同じグラウンドが、放課後の運動部の活動の場となる時、状況は一変するのです。例えば、野球部の生徒たちはグラウンドに駆け込む時、必ずピシッと姿勢を正し、帽子をとって「お願いします」と一礼します。体育館も道場も同じです。その時、生徒たちにとってグラウンドも体育館も道場も、お昼休みの時のような単なる身体を動かす場所や遊び場ではなくなっています。そこは大切な、さらに言えば神聖な場になっているのです。礼儀正しい態度と神聖な場とは同時に出現します。この私の振る舞い態度によって、皿はスープ皿にもなれば餌皿にもなり、グラウンドは遊びの広場にもなれば神聖な場にもなるのです。こうした振る舞い態度の主体とその振る舞いを受け取る側との相関性の中にこそ人間の自由のありようが見て取れるようです。

この相関性に立ってみて自分自身を省みますと、生徒の人間としての尊厳性に敬意を払わぬまま、それは同時に自身の尊厳性を喪失しているということですが、生徒に接していることがしばしばあるようです。言葉遣いがぞんざいではなかったか、尊敬の念をもって対応していたか、挨拶の時は生徒に向かってきちんと頭を下げていたか、上から目線で話してはいなかったかなどなど、反省すべき点がたくさん出てきます。生徒の人間としての尊厳性に敬意をもって接する時、私もまた人間としての尊厳を有するものとして振る舞うことになるという同時性を心に銘記せねばとの思いを新たにするばかりです。生徒たちに向かって「小さな紳士であれ」と、私の学校の創立者であるライネルス神父が常々語っていた言葉を、今も繰り返し口にする私自身も、生徒たちに対するときは紳士としての振る舞い、態度、言葉遣いをもって接するべきであるに違いないのです。

皆さんのご家庭における親子の間では親密度が濃いために、生徒と教師との関係よりさらにこの相関性や同時性に気付き、自覚することは困難であろうと推察します。しかし、親子といえども、人と人との関係であることを今一度肝に銘じていただければ、お子さま方の人間的成長に資するものとなると確信しております。こういうことを言うと、「まず先に、子どもの方こそ親を尊敬の念をもって接するように教育していただきたい」というつぶやきが聞こえてきそうですが、こうしたニワトリが先かタマゴが先かといった議論に対して、貧しい私には聖書のことばをもってお答えすることしかできません。

「わたしたちは、わたしたちに対する神の愛を知り、また信じています。わたしたちが愛するのは、神がまずわたしたちを愛してくださったからです」（一ヨハネ4・16、19）。

パンはほほえむ

食卓にのせられたパンは、トースターで焼かれ、裂かれ、ちぎられ、食べられます。それがパンというものです。これを大学生に伝える時は「パンの本質は、裂かれ、ちぎられ、食されるところにある」などと語りますが、幼稚園の子どもには、「パン君はね、ちぎられて、食べてもらうと、うれしくて、ニッコリ笑うんだよ」といった話しぶりになります。このことを逆から語れば、パンが自分を食べようと手を伸ばす者に向かって、「寄るな触るな、自分の使命はふくらむことにある。さあ、ふくらめふくらめ、地球を覆うのだ」というようなしろものであるとすれば、それはもうパン君ではなく、パンエゴゴンという名の怪獣になり果てるということです。

生徒たちに、例えばこんな話をしたことがあります。誕生日のケーキは、お父さんお母さんが子どものために買ってくださるものではなくて、子どもがお父さんお母さんに差し上げるものなんだよ。君たちがまだ小さくて自分で用意することができないうちはご両親が買ってくださったかもしれないけど、もう中学生・高校生になったのだから、小遣いを貯めておいて、小さなものでいいから、今度は自分で、お父さんお母さんに買って差し上げなさい。そして姿勢を正して、ケーキにナイフを入れながら、こう申し上げなさい。「今日は私の誕生日です。お父さんお母さんは、今日まで私を産み育ててくださるために、このケーキのように身を裂いてくださいました。ほんとうにありがとうございます」。

身を裂いて子どもを産み育てる、なんと尊いことでしょう。身を裂く痛みをこそ愛というのです。痛まぬ愛などというものはどこにもありはしません。その身を裂き、痛む愛を目に見える形で表すのに最もふさわしいものとして、年に一度のケーキではなく、日ごとのパンが、イエスによっても選ばれ、手に取られました。主イエスは、引き渡される夜、パンを取り、感謝の祈りをささげて裂き、「これは、あなたがたのためのわたしの体である」と言われた（一コリント11・23―24参照）、と聖書に記されています。日々裂かれるパンとは、他でもないお父さんお母さんご自身のことです。自らを裂くことによって家庭がひとつに結ばれてある、裂くとひとつとが同時である、これこそが愛の神秘の輝きです。

例えば思春期のただ中にあるお子さんと向き合うのは、ほんとうに気苦労が絶えないことと拝察します。朝の挨拶ひとつを例にとってみても、中学一年生などは声変わり前の甲高い声で「おはようございます」と元気に応じてくれますが、中学三年生ともなると、こちらの「おはようございます」に対して、うつむき加減の斜め四十五度の視線のさらに下から、声変わり終了後の低温で「っす」と応えて、すっと姿を消したりします。これはイヌやネコにはない、人間のみに見られる成長過程の現象ですから、別に腹を立てるほどのこともなく「頑張れ、人類！」という声援を心の中で送っていますが、一時が万事、この調子でご家庭でも過ごされていることでしょうから、かわいかったあの子は、どこに行ってしまったのか、との嘆きも聞こえてきそうです。

学校の教員たちもまったく同じであります。それでも、子どもたちのために身を裂き、心を砕き、悩み苦しむことがあっても、その痛みの中でのみ子どもたちは育つのだ、愛の何たるかを知ってゆくのだという確信において、保護者の皆さんと教員たちとは一致し、結ばれていると信じます。さまざまな問題に行き当たることがあっても、等しく子どもの人間成長を願う者として協働者として、ともに愛の現れである、裂かれ、ちぎれ、食されるパンとして使命を果たしてゆこうではありませんか。

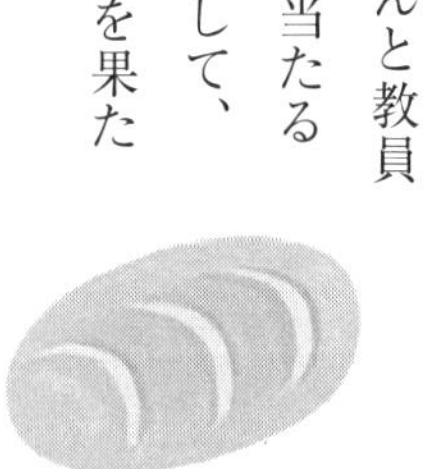

卒業の日に、「あなたたちは世の光である」

「あなたたちは世の光である」とは、弟子たちに対するイエス・キリストの言葉ですが、光ほど損な役割を担っているものはありません。損な役割というのは報われない役割ということです。光と言えば輝く、輝くと言えば目立つ、目立てば人の目も集まり拍手喝采も受けそうなものですが、スポットライトに向かって拍手する人など、どこにもいません。賞賛喝采はスポットライトではなく、スポットライトを浴びている人に向けられるのです。日の光、月の明かり、街灯、部屋の電灯、どれも何か特別の、あるいは非常の際にあらためて「ありがたい」と思われることはあっても、日常茶飯において手を合わせられることなどありはしません。蛍の光も窓の雪も、その微光のもとで学び続ける学生の刻苦勉励が称えられるのであって、やがて蛍は飛び去り、雪は消え去ります。

よく目を見開いてごらんなさい。報われることはなくても、君たちを静かに照らしてくださっている光があります。学校を巣立つこの卒業式の日に、君たちは拍手をもって講堂中央座席に迎えられ、そして喝采の中を送り出されます。その君たちの後方座席に、静かに座っておられるお父さん、お母さんのことを思ってごらんなさい。感謝もされず、ほめられもせず、当たり前の中に身をひそめ沈めておられる、その尊いお姿を思い見てごらんなさい。拍手を受けている自分と拍手してくださっているご両親との立場が、本来は逆であるべきことを感じ取っていますか。苦悩のうちに毎日働き、その労苦の実りを君たちに差し出し続けてこられたのは、お父さんお母さんの方なんだよ。そんなお父さんお母さんに、君たちは残酷な言葉を投げつけたことはなかっただろうか。凍るような冷たい視線で突き刺したことはなかっただろうか。「ボクのことなんか、何も分かってないじゃないか」は、いつも君の台詞《せりふ》であって、お父さんの口から聞いたことはないはずだ。投げつけられても突き刺されても、静かに与え照らし、さらには拍手までも送って祝福してくださる、それを世の光と言うんだよ。

ここである一人の少女が書き送ってくれた感想文を紹介しましょう。

「私は中学一年生のときにお父さんを亡くしました。それから私は、普段一緒にいて気づかなかったお父さんの大切さを知りました。仕事を一生懸命がんばってくれていたことか、いつでも家族を喜ばせるために一生懸命になってくれていた姿など、お父さんがいなくなってから気がつきました。もう少し早く気がついていれば、『ありがとう』って言っておきたかったです。いつも目に見えていた笑っているお父さんの奥に、目には見えないけれど一生懸命にがんばってくれているお父さんに、もっと早く気づいてあげたかったです。今日はお話を聞けてよかったです。家に帰ったら、お父さんに手紙を書こうと思いました」。「家に帰ったら、お父さんに手紙を書こうと思いました」、この最後の一行が目に飛び込んできたとき、おのずと涙があふれだしました。天国にいるお父さんに手紙を書きたいという、この少女の真情に胸を打たれたのです。黙々と働き、差し出し続けてくれていた父親のありがたさに「ありがとう」のひと言の返事もしなかった自分に気づいて、返事の来ることのない手紙を、今度は自分が父親に差し出したいというのです。まさに光が光を生み出した瞬間です。

　世の中には拍手喝采を求めるスポットライトのなんと多いことでしょう。自分の本来のありようを忘れた「勘違いのスポットライト」は、狂ったように上下前後左右に首を振り続け、「オレを見ろ」「ワタシを見て」と金切り声を上げ、果てはそれに連なる一統までもが「どうだ、すごいだろう」の狂想曲。そんな狂った勘違いのスポットライトなどになって

はいけません。そうではなくて、静かに世を照らす光となりなさい。報われることは少なくとも、自分の務めを黙々と誠実に果たしゆく姿のなんと尊いことでしょう。そうした尊い姿をひけらかすことなく、この卒業式中も目立たぬ後ろの座席に静かに座っておられるお父さんお母さんに見倣う者となりなさい。君たちがやがて人間的成熟を遂げて、報われずとも与える愛に目覚めるとき、君たちは、生の喜びが、打算と計算、損得ずくめの中にではなく、無償の愛の中にこそあるのだと思い知ることでしょう。

「あなたたちは世の光である」。さあ、このキリストの言葉を心に刻んで出発しなさい。君たちのこれからの歩みの上に、また、君たちを静かに照らし続けておられるご両親の上に、神様の豊かな祝福がありますように。

神のママ

聖母マリアを、日本のカトリック教会では親しみを込めて、「マリアさま」とお呼びします。子どもたちへのお話のときはもちろん、私などは、「神の母、聖マリア」と言うのは祈とう書を用いて唱えるときだけで、個人的に祈る際には常に「マリアさま」とお呼びし、語りかけます。この呼びかけは、マリアさまと自分とが母と子のような親密な関係にあるという思いの表れであることはもちろんですが、何よりもマリアさまも人間ならば自分もまた人間であって、マリアさまの生き方を自分の手本とすることができる、という同じ人間同士であるとの意識の表出でもあります。その一例として、マリアさまと十二歳の少年イエスとのほほえましいやりとりの中で、一人の母親として息子を問いただすマリアさまの言葉が福音書に伝えられています。

ユダヤ教最大の祭りである過越祭に、イエスが両親と共にエルサレムに上り、祭りの終了後、両親は少年イエスがエルサレムの神殿に残っていることに気づかないまま帰途についてしまいました。途中でイエスの不在に気づいた両親は、あわてて、捜し回りながら神殿まで戻って、そこでやっと、福音書によれば「三日後」、少年イエスを見つけるのです。行方不明になってしまった一人息子を、言いようのない不安と悲しみと失望とをないまぜにして捜し続ける必死の思いの母の姿が思いやられます。やっとの思いで見つけた十二歳の一人息子への第一声はこうです、「なぜこんなことをしてくれたのです。御覧なさい。お父さんもわたしも心配して捜していたのです」（ルカ2・48）。この言葉を自分が生まれ育った土地の言葉で言い直すと、さらに身近に感じ取られるでしょう。例えば、長崎がふるさとの私の場合は、こうなります。「なんばして、おまえは、こがんことをしたとか。見てみろ、父ちゃんも、うちも心配して捜し回ったとよ」。

マリアさまのご苦労や思うべし、です。さらにその母親に十二歳のイエスは素直に、「心配させてしまって、ごめんなさい」と謝ったのではなく、「なんばして、オイば捜したとね」「どうしてわたしを捜したのですか」と言い返すのです。そのあげくに、「わたしが自分の父の家にいるのは当たり前だということを、知らなかったのですか」などと、わけの分からないことを言い立てる始末。案の定、「両親にはイエスの言葉の意味が分からなかっ

た」と記されてあります。すやすやと自分の胸に眠っていたあの子が、姿は目の前に見えているのに、胸の中どころか、もはや自分の手の届かないところに行ってしまっている、その厳然たる事実を付きつけられた母の戸惑いと喪失感が察せられて心が痛みます。思春期のお子さんがおありのお母さま方であれば、同じ母親として、マリアさまのお気持ちがよくお分かりのことと思います。

この同じ人間としての母マリアさまが最終的にとられた態度は、「母はこれらのことをすべて心に納めていた」というものでありました。戸惑いと喪失感にいらいらと落ち着きなく過ごしたのではなく、心に納め、保ち担っておられたのです。「納める」には、自分の中が空っぽでなくてはなりません。自分の中が空っぽであるマリアさまのありようを、カトリック教会では、受胎告知として知られている大天使ガブリエルに対する、「わたしは主のはしためです。お言葉どおり、この身に成りますように」（ルカ1・38）という受託の言葉に見いだします。マリアさまは自分の中の「わがまま」をくり抜いて空っぽになさいました。自分の望みを意志のままである「わがまま」ではなく、神さまの望みと意志のままになりますように、とお答えになったのです。それで「神のママ」になられました。

中学生・高校生のお子さんがおありのお母さま方もまた、お子さんがいつの間にか自分の理解の及ばない、手の届かないところに行ってしまっているという喪失感を味わわれることでありましょう。しかし、その喪失感という空虚こそ、人の悲しみを思い知り、響かせる場にほかならないのです。そして、悲しみを知る人だけが深々と人を愛することができるのです。マリアさまが、愛深い母として称えられるのも、悲しみを味わいつくされたからなのです。マリアさま、どうか、子育てに思い悩みつつも必死の思いで日々を過ごす母親たちを祝福してください。彼女たちが、あなたに倣って、悲しみから深い愛を生み出すことができますように。

ある雨の日に

ある雨の日のことです。校舎には授業中独特の静けさがあって、外に立つ私の耳には傘を打つ雨音だけが響いていました。私は誰もいないグラウンドを漠然と眺めておりました。雨が降ればただ濡れている、そのグラウンドの静けさに浸っておりました。それは雨の日特有の静けさと空白のただ中に、グラウンドのありようの深さに触れていたということでありましょう。雨が降ればただ濡れており、風が吹けば土ぼこりを舞い上げ、雪が舞えばじっと受け止めている。また晴れた日ともなれば、生徒たちがドンドン踏みつけ、子どもたちがバタバタ駆け回る、自分を削り取るそのシューズの下で、黙然と徹底した無愛想を貫く姿の尊さに、そのときの私はたしかに触れていたのであります。

父と言い、母と言い、いずれもわが身を削って子を養うという、そのありようの尊さは、日常茶飯のドタバタの中では気づかれようもありません。また、父の日・母の日といって、一応の感謝はされても、その感謝が親の苦労とありがたさを身にしみて感じ取った上でのことなどとは思ってもおられないことでしょう。それは子ども自らが人の子の親になって初めて分かることなのであって、それでよいのだとする父母の聖なる諦念によるものであります。「孝行したいときに親はなし」とは、その聖なる諦念を言い表したものにほかなりません。それは、恩返しは早めにしないと手遅れになるという警告などではなく、自分たちにはお返しはしなくてよいから、今度はおまえが自分の子に同じようにしてあげなさいという親からの勧告なのであって、子どもの方からの後悔の言葉なのではありません。父母の愛の深さは、言挙げせぬ沈黙の深さにほかならないのです。

一切の言葉も発せず、沈黙のうちに生徒たちがやって来るのを待ち、そして迎えるグラウンド。そのグラウンドに帽子をとって深々と一礼して駆け込む運動部の生徒の姿に感動を覚えるのは、単に礼儀正しいからなのではなくて、黙して支え働くものに対する敬意が示されているからです。練習を終えて後、「ありがとうございました」と一礼して立ち去るその爽やかさは、黙して語らぬものへの尊敬から生まれているのです。それは道場でも体育館でも同じことであります。さらに言えば木々も草花も、本も茶碗も同じであります。カトリックの神父として子を持たない私などは、子育ての苦労をなさっておられる皆さんのように、わが子のために黙して働くという修行の道を歩むことはできませんが、グラウンドのように草木のように茶碗のように、黙して働くという修行に励まねばならないことでしょう。

「雨」という八木重吉の詩があります。

雨の音がきこえる
雨が降っていたのだ
あのおとのようにそっと世のためにはたらいていよう
雨があがるようにしずかに死んでゆこう

雨そのものに音などありはしません。木の葉にあたり、屋根を打ち、地面を叩く音が聞こえるのです。その音を自己主張の叫びとしてではなく、気づかれることを求めぬまま降り続ける静けさとして、重吉は聴き取っています。やりとり、交換、取り引き、因果応報、信賞必罰の仕組みからなる世にあって、報われずとも与える愛なしには、充実した人生はないということを、静かに訴えているのです。無償で与えられる子と無償で与える親、施しを施す者と施しを受け取ることを施す者とによって奏でられる和音こそ、天の国のあり

ようを響き渡らせるものでありましょう。
母亡きあと、幼少の頃を男手一つで黙々と働き育ててくれた父を思い、綴りました。

ともに旅する

授業開始前、教師は教壇に立ち、生徒は起立して互いに礼をし合います。生徒は教師に対して、教師は生徒に対して、それぞれ敬意を表するのです。これは「我も人なり、彼も人なり」という互いの了解と正しい意味での誇りの証しであって、この了解と矜持《きょうじ》とが授業を神聖なものとなします。例えば茶道で用いる姿の美しい茶碗も、これに口を突っ込み、舌を出してペロペロとやったのでは犬の餌皿になり果てますし、親指と人差し指でつまんで飲めば柄杓《ひしゃく》の代用となります。正座し、背筋を伸ばして、両手で礼儀正しくいただくとき、はじめて「お茶碗」は出現するのです。礼儀正しさとお茶碗とは同時に現れます。

生徒だけがお辞儀《じぎ》をする、両足を教卓に乗せて踏ん反り返ってしゃべる、そんな教師がいるとしたら、それはもう教師という名に値しません。自分に対して敬意を払わない人間を誰が尊敬するでしょう。尊敬

の念は左右同時に生じるのです。平等意識の根幹は互いの存在に対する敬意にあります。そして敬意とは「あなたは唯一無二の存在です」との認識に根ざすものです。互いが唯一無二であるが故に平等であるのです。この事実を、教師と生徒とが互いに認め合い、その事実に基づいて振る舞うとき、生徒と教師の関係は健全なものとなることでしょう。

学校は養成教育の場でありますから、理想がすでに実現している所なのではありません。理想を目指して歩み続けている途上にあるのが学校なのです。「途上にある」という現実を受け止めて、子どもの成長を待つ、担う、背負う、忍耐する。さらに子どもばかりでなく、教師の成熟を待ち、担い、忍耐することを保護者の皆さんにお願いしたいのです。他でもない、このように書き記している私自身が、まだ未熟であります。未熟者が校長という職務を担っているのであります。そんな学校は御免こうむるとお考えになるのであれば、それもまた、いたしかたありません。

しかしながら私は、未熟であるとの意識、道半ばという思い、途上にあるとの自覚を誇らしく思っております。なぜなら、そうした意識と思いと自覚があるからこそ、今日も本を読み、人の意見に耳を傾け、自分の思いを語り、研修の機会を作り、愚痴をこぼし、自己嫌悪に陥り、それでもまた立ち上がり、それこそ七転八倒の歩みを続ける人間に他ならないことを喜べるからです。生徒も未熟であるならば、教師である私もまた未熟である、ともに成長するのだという意気込みこそが、私の教職意識を支えているのであります。

これは教師としての自分自身のあり方ばかりでなく、一人のカトリックの神父としての自覚でもあります。しかし、自らを「つみびと」であると自覚しない神父は、いったいどのような言葉を信徒に向かって語るのでしょう。どのような説教が可能なのでありましょう。「つみびと」とは途上にある者です。途上にある者とは旅人です。「つみびと」は旅人なのです。ゆるしを乞い願いつつ歩み続ける旅人であります。しかしながら、その姿はみじめなのではありません。目指す者からの光を浴びております。目指す者からの希望に支えられております。この身は弱く貧しくとも、「かなた」からは希望と光とがすでに、この身に届いているのであります。

さあ、希望をもって歩み続けよう。疲れたらお休みしよう。疲れがとれたらまた歩み出そう。ゆっくりでいいんだ。競争に勝つために君は生まれて来たんじゃないんだ。君は君を生き抜く、それが君の使命なのだから。君が唯一無二であることを誰が妨げることができるだろう。自信と誇りをもって旅人であることを楽しみなさい。僕が教師として君に教えることができる肝心なことは、僕もまた唯一無二の旅人であるということなんだ。君の歩みを神が豊かな祝福のうちに守ってくださいますように。

「かなた」へ

お盆と言えば、カトリック教会では聖母被昇天祭に当たっていて、私は今でも帰郷した際には必ずお墓参りに行って、カトリック教会定番の「アヴェ・マリアの祈り」を繰り返すロザリオを墓前で唱えます。小学校卒業の頃のお墓参りの時も同じで、ただその時は父と一緒でしたが、母の墓前に花を手向け、手を合わせてロザリオの祈りをささげました。その時代と言うのはアメリカのアポロ計画と称する月面着陸成功が大きく取り上げられていて、宇宙への関心が異常に高まっていたと記憶しています。その影響であったろうと思いますが、墓前でのお祈りをすませた後、父に尋ねました。ここは長崎の言葉遣いで。

「マリアさまは本当に天に昇ったとね」「昇ったさ」「そん時、マリアさまの足の裏は見えたとね」。そこで父は不思議そうな表情をして、「お前は何ば言いたかとか」「ウン、マリアさまは宇宙じゃ生きていけんやろ、空気はなかけん、窒息するばい」。父はここで一息ついてから、こう言いました。「天と言うのは宇宙ば言うとじゃなか、手の届かん向こうば言うとたい。マリアさまは、お前のお母さんと同じ向こうにおらすとたい」。

天と言えば、方向は上を指すと捉えるのが自然ですから、どうしても物理的には雲の上から宇宙空間へと目が行きます。宗教的観念を物理的表現で言い表すと、とりわけ目に見えるものに影響されがちな未熟な少年にとっては、物理的表現そのものに捉われてしまいます。それで、天に昇る、雲の上、宇宙、窒息死という単純な物理的推論となり、カトリックの教えは信じられないという結論が導き出され、しかも、その結論を出した当の少年が得意顔になっているという始末の悪さ。こうした未熟な反抗に、「マリアさまはお前のお母さんと同じ、手の届かん向こうにおらす」と、父はもっとも素朴な表現でたしなめてくれたのでした。

指さす方向が天なのか海の向こうなのかという方向の違いがあっても、それが「かなた」であることは共通しています。手が届かず力及ばぬところ、それが「かなた」であります。マリアさまは天におられ、阿弥陀仏は彼岸におられ、南島の人々のふるさとはニライカナイという海の向こうにあるのです。天に昇るのが受け入れにくければ、座標軸を回して向こう側に渡るとすればいいだけの話です。聖書

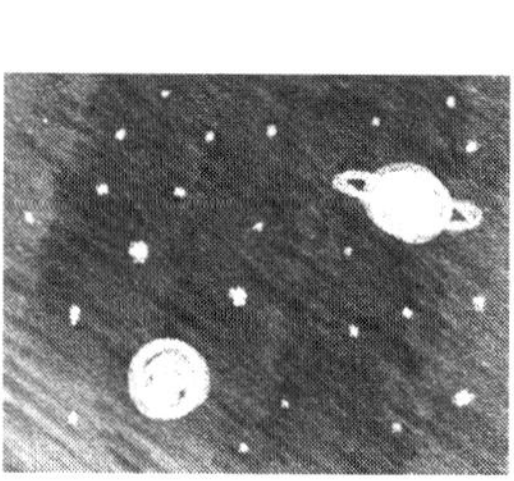

が記されたのが、「天におられる神さま」と考える文化圏であったために、キリスト教では「天に昇る」という表現が大切にされているにすぎません。

ミッション・スクールには例外なく宗教の授業があります。しかし、生徒たちの大半はキリスト者ではありません。そのキリスト者でない生徒たちに向けて実践される宗教、あるいは聖書の授業は、例えば聖書のエピソードを生徒たちの人生を支える意味あるものとして「翻訳」して提供しなくてはならないという責務を負っています。単なる、聖書あるいは教義の用語の紹介解説であってはならないのです。テキストが表現しようとしている真実に目覚めるように、テキストを割り裂き開いて、テキストそのものではなく、テキストが指し示すところへと案内するのです。

子どもたちはもちろん人間は誰でも、「君って、とどのつまり、こんな人だよね」というふうに枠にはめられることに深い悲しみを感じます。子どもたちは干物のアジのひらきのような存在なのではありません。「お前は結局こんなヤツ」と結論を出され決めつけられることによって、これまでどれだけ多くの涙が流されてきたことでしょう。結論を出す権限は神のみにあります。子どもたちは、枠付けされるような固定化した存在ではなく、たえず枠を破り、成長する存在なのです。子どもというテキストはたえず新たに開かれ、解釈し直され、見直されるという可能性そのものに他ならないのです。

可能性へと開かれた存在である子どもたちの、その開かれた先を表現する言葉が「かなた」なのであって、それは常に、はるかなるものです。はるかなるものを目指す子どもたちは、ときに、お母さん方にとって手の届かないところへ立ち去ってしまうのではないかとの不安や一抹のさみしさを与えるかもしれません。しかし母の深い愛をもって、そのさみしさに耐えていただきたいのです。自分の手の届くところに置き、捕らえ、評価を下すのではなく、見守り、見直し続けていただきたいのです。見守られ、自らを解き放ち成長していく子どもたちの笑顔こそ、愛に満ちた母の喜びでありましょう。この情景を、聖書の表現のままに書き記して結びとします。

「イエスは、弟子たちが見ているうちに、天に上げられたが、雲に覆われて彼らの目から見えなくなった。イエスが離れ去って行かれるとき、彼らは天を見つめていた」（使徒言行録1・9―10）。

やってやれないこともある

うんと昔、「やってやれないことはない」という文句で始まる浪花節《なにわぶし》調の歌がありました。その歌の文句を、今もつぶやくように、周りには聴き取れぬほどの囁《ささや》きで、しかし、しっかりと舌の上でこぶしをきかせて、自分を励ましていることがあります。神さまのお心のままにと祈り、自らに言い聞かせているのであれば修道司祭らしくもありますが、そんな祈りはもともと神さまの手のひらの上にのっている者には意識にのぼってきません。それよりはただ今現在の目の前の問題や困難にどう向き合い、対応すべきかが肝要であって、そんな時には、このこぶしをきかせた「やってやれないことはない」のほうが自らを励ますのにはるかに効果的です。提出期限が差し迫った答案採点などは、神さまのお心のままにでは間に合うはずもなく、ねじり鉢巻きで「やってやれないことはない」と唸《うな》るしかありません。

たしかに、やってやれないことはないこともたくさんありますが、やってもやってもできないこともたくさんあります。報われない努力はない、頑張ればきっとできる、などというのは「やってやれないことはない」の親戚のような言葉ですが、世の中には報われないこともたくさんあるということを、お母さま方はよくご承知でしょう。そもそも母であることが報われないことの連続ですし、報われずとも尽くすが故に母であるわけで、時には「やってらんなあい」とこぶしのないため息を出すことがおありでしょう。努力は必ず報われるとか、頑張りには必ずその成果が出るといった考え方は、その「必ず」によって身を縛りつけてしまうのです。

どうしてこの子は、誰にでもできることができないのだろうなどと思うのは、たぶん、間違っています。そんな思いからは、子どもが何とかできたときに、誰でもできることができただけのことにすぎないという思いが支配して、心からの温かみのある笑顔と承認とは与えられないからです。できて当たり前でしょ、です。子どものほうはその冷めたまなざしを敏感に察知しますし、きっと次の要求が出てくるにちがいないと明瞭に推測します。とどのつまり、誰もができないことをできるようになるまで、つまりは競争に勝ち残るまで、この要求はやむことはないと悟るのです。

もちろん、世の中で人間として生きていくために誰もが身に付けることはたくさんあります。おはようございますの挨拶には、おはようございますと礼を返すことから始めて、労働と賃金、品物と代金等々、世の成り立ちの基本である交換原理については相当の厳しさをもってしつけねばなりません。しかしながら、ただ、何かできたらほめ言葉、できなかったらお叱り、こうした交換原理だけで育てられた子どもは、やがて報われなければ何もしない人間になり果てることでしょう。

お母さま方にお願いしたいのは、ご自身がそうであるように「報われなくともやるべきことがあるのだよ」と語りかけることです。この語りかけを子どもはすぐに理解できないことでしょう。順調に事が進んでいるときは必要でもないでしょう。しかし本当に子どもが頼りたいときに、例えば学校の例で言えば、「点数で進学先を購入する」というような交換原理に傷ついている子どもに語りかけていただきたいのです。「そうではないんだよ、人間はね、報われなくともやらなきゃならないことがあるんだよ。お母さんを見てごらん。お父さんを見てごらん。お前たちに何か恩返ししてもらいたいとは思ってないよ。ただただお前たちが大切だから、大事に思うから、こうして働いて世話しているんだよ」。

やってやれないこともある、必死で努力して報われないこともある、人知れず流される涙もある、そのどれもがいじらしく尊い人間の姿なのだということを自信をもって心に抱き、必要とあれば素朴な言葉であっても子どもに語りかけ、その言葉を必要とするほどに傷ついた子どもを胸に抱きしめるお母さんであってほしいと心から願っています。愛は愛からしか生まれないのです。逆に愛のない人生は、打算と交換のみの冷え冷えとしたものに成り果てます。どうぞ、自信をもって励ましてあげてください。「だいじょうぶ、報われることのないことではプロのお母さんがここにいるから、見ててあげるから、さあ、しっかりやりなさい。やってやれないことはないんだから」。

中学一年生の皆さんへ

人はひとりでは生きることができない。すでに十二年もの間、人間として生きてきた皆さんにはよくわかっていることでしょう。

ひとりでは生きることができないということは、生きるためにぜひとも必要なもの、例えば身に着けている服、住んでいる家、米や野菜や肉といった食べ物のことを考えてみるだけでも、すぐに確認できます。皆さんが自分の手で作り、手に入れたものは何ひとつないはずです。衣食住という、生きていくための基本的な必需品でさえ、自分以外の人が作り、提供してくれています。私たち人間社会は、それぞれの人がいろいろな職務を分担して、結び合い協力し合うことによって成り立っています。

ひとりでは生きることができないということは、生きるということが、ただ息を吸い、吐くことの、あるいは栄養を入れ、不要なものを出すことの繰り返しなのではないことからもわかります。もっとも、高校生のころ大きな病気を経験したことのある私などにしてみれば、正常に呼吸ができることだけでもすばらしいことですが、しかし、生きるということは、ただ呼吸と摂取と排泄の連続に尽きるものではありません。呼吸や摂取の繰り返しのことを四語熟語で「新陳代謝」と言いますね。しかし、皆さんがやがてこの世を去るとき、自分の子や孫に「おばあちゃんの一生は何だったの」と聞かれて、酸素吸入マスクの下から息を切らしながら「シンチンタイシャ」とは答えないでしょう。そう、人はだれでも、新陳代謝なしには生きていけないことは知っていますが、新陳代謝の繰り返しのために自分の人生があるのではないことも知っているのです。

この自分と生きる喜びを分かち合う人がいて初めて、生きるということは成り立ちます。生きる喜びを分かち合うことを聖書は愛と呼ぶのです。愛は、新陳代謝や世の中の仕組みの基本になっている交換あるいは取り引きなのではなくて、無償の、引き換えなしの、無条件の譲渡のことを言います。それが生きる喜びの根源なのです。こうした人間相互の結びつきと喜びの分かち合いを深く知り、実践するために、皆さんは勉強し学習するのです。例えば、目の前の一匹のイワシを見て、その場では直接目にすることのできない、そのイワシの生態を調べるのは理科、漁師さんが獲った後、どんな仕組みでこの皿までたどりついたのかを学ぶのは社会科、どんな料理にしたらおいしくいただけるのかを工夫してみるのが家庭科といった具合です。どの教科科目も、目に見えているものの目に見えない背景を正しく読み取る力を身に付けることを目指しています。

こうしたものごとの直接は目に見えない背景を読み取る力のことを読解力と言います。読解力を身に付けた人は、「人はひとりでは生きていけない」ということを深く知ることができます。そこから自分が他の人々によって支えられていることへの感謝と、自分もまた、やがて他の人々を支えていかねばならないという責任と、そして人々の目に見えない苦労や痛みや悲しみをくみ取る思いやりとが生まれてくるのです。そして、目に見える形で感謝と責任と思いやりを表現する力を身に付けることによって、生きる喜びを分かち合うことができるようになります。

皆さんは蕎麦《そば》を食べたことはあっても、蕎麦の花を見たことはないでしょう。山間の蕎麦畑一面を真っ白にして咲くのですよ。皆さんは今、その真っ白な花の年頃です。元気いっぱい陽《ひ》の光を受けて若い緑を輝かせ、純白の花で出会う人の目を楽しませてあげなさい。そうしてやがて時が来たら、わが身をすりつぶして、粉にして、捏《こ》ねて、包丁で細切りにして、茹《ゆ》で上げて、おいしい蕎麦にして、もてなしてあげなさい。あせらず、今は今できることを精いっぱいやって、出会う人に喜んでいただきなさい。

蕎麦はまだ
花でもてなす
山路かな
（松尾芭蕉）

皆さんが愛深く生きる喜びを分かち合うことのできる人生を送る基礎を身に付けるための努力を、一日一日積み重ねていくことを心から願い祈っています。

「ともにいる」お祝いの日

生徒たちにクリスマスを迎えるにあたってお話しするために準備した講話のメモを、そのままここにご紹介します。講話の要点メモですので少々堅苦しいですが、実際はもっとおもしろおかしくお話ししています。ただお母さま方にはこれでよかろうとずうずうしく考えました。ご了承ください。

イエス・キリストの誕生について、聖書には次のように記されています。「ヨセフとマリアがベツレヘムにいるうちに、マリアは月が満ちて、初めての子を産み、布にくるんで飼い葉桶に寝かせた。宿屋には彼らの泊まる場所がなかったからである」。この記事の中にある「飼い葉桶」を手掛かりに、いわゆる「馬小屋」で生まれたとされています。飼い葉桶が宮殿やホテルのロビーにあるわけはなかろうというわけです。時代考証からして馬小屋というような建造物ではなくて、当時、家畜の世話をするために常用されていた洞穴あるいは岩窟だったであろうとも言われます。いずれにしても肝要なことは、「彼らには泊まる場所がなかった」という事実なのです。

引き続いて聖書は記します。「その地方で羊飼いたちが野宿をしながら、夜通し羊の群れの番をしていた」。泊まる場所がなかった幼子《おさなご》イエスに続いて、野宿する羊飼いが登場するのです。この「泊まる場所がなかった」と「野宿」とが相互に響き合っていることは容易に推察することができるでしょう。泊まる場所がなかったイエスが最初に招待したのは、野宿していた羊飼いたちであった。これが聖書の告げるクリスマスのメッセージなのです。「今日ダビデの町で、あなたがたのために救い主がお生まれになった。この方こそ主メシアである。あなたがたは、布にくるまって飼い葉桶の中に寝ている乳飲み子を見つけるであろう。これがあなたがたへのしるしである」。

野宿して羊の群れの番をしている羊飼いと、泊まる場所もなく家畜小屋で眠っている神の子、そこにはそもそも高低も前後も貧富も左右もなく、あるのは「ともにいる」という事実だけなのです。したがって、「ともにいる」ことこそ、神の子イエスの誕生を祝うクリスマスにふさわしいということになります。「ともにいる」ために、神ご自身が身を裂いて、ご自身を与えられたというのが聖書の教えるところです。「神はその独り子をお与えになったほどに世を愛された」と記されてあるとおりです。この神のやり方に倣って、われわれ人間もわが身を裂いて「ともにいる」ことを実現することによって、クリスマスをお祝いしようではないか、というわけです。

そこで身を裂いて「ともにいる」ことの目に見える証しとして、お金を割いてプレゼントを差し出すのです。さらにプレゼントを渡す相手のことを思い浮かべ、選ぶための時間を割き、心を砕きます。パーティーのためには、その準備にも参加にも時間を割くのです。クリスマスケーキもまた、身を裂くしるしとしてナイフでカットされるのです。これもまた、割ってともにいただくことによって、「ともにいる」ことが実現されます。こうして考えると、身を裂くことと「ともにいる」こととは、いつも同時に実現することがおわかりいただけると思います。

こうして考えてみると、愛する人と一緒にいたい、過ごしたいと思い願うのは愛の基本的な姿であり願望ですが、その実現を特にクリスマスの時期に願うのは、クリスマスの祝い方としてたいへんふさわしいと言うことができると思います。逆に、その願いが実現できない場合は、たいへん悲しい思いをすることとなりましょう。しかしまた、その悲しみから、愛の本質がますます身にしみて了解できる機会ともなることでしょう。クリスマスシーズンになると、必ず街頭で耳にする山下達郎さんの「クリスマス・イヴ」の中の、「きっ

と君は来ない　一人きりのクリスマス・イヴ」という歌詞は、「ともにいる」ことのできない悲しみから生まれた愛の賛歌にほかならないと言うこともできるでしょう。

皆さんがそれぞれのご家庭で、身を裂くことと「ともにいる」ことが同時に実現することを意識して、神の愛を目に見える形として過ごしていただければと、心から願っております。どうぞ、よいクリスマスをお過ごしください。

豊饒《ほうじょう》の母

近頃、いろいろな所で話を依頼されるようになりました。ただ例えば、話す相手が教職員である場合は、都合がついたとしてもお断りすることもありますが、生徒たちへの話であれば、都合がつきさえすれば必ず引き受けることにしています。そして生徒たちへの話の締めくくりに必ず語ることを決めている話があります。

「こうして年に一度だけやって来て話をするのは本当に簡単なことなのだよ。ひょっとしたら君たちの中には、私のことをとてもいい先生だ、こんな人が自分の学校の先生だったらいいなあと思っている人もいるかもしれません。しかし、考えてごらんなさい。年に一度だけ、例えばお正月の頃にやって来て、笑顔を浮かべてお年玉をくださる叔母さんはとてもいい人で、毎日毎日お世話してくださるお母さんは、ただの口うるさいだけなのでしょうか」。そう言っておいて、少し間を置きますと、生徒たちはシーンと静まります。

ものを正確に観察するためには距離が近いことは肝要です。望遠鏡も顕微鏡もそのために発明開発された器具でありましょう。しかし、距離が近くては見えなくなってしまうものもあるのです。顕微鏡で葉の葉脈や細胞膜はよく見えますが、紅葉の美しさは味わいようがありません。お月さまが望遠鏡の観察対象になったとき、ウサギも臼も姿を消してしまいました。物語のないところに「ありがとう」は生まれないのです。スイッチを押せば電灯がつくといった瞬間的な距離感の中に感謝の念は生じようがありません。毎日毎日、お子さまたちのお世話に明け暮れるお母さま方は、きっと「よき母」たるべく努力しておられることでしょう。押せばつく電灯のように、登校するときにはお弁当が出来上がっており、学校から帰ってみれば夕食が整えられてある、そうできなかったときには申し訳なさに自分を責めておられる。

そうした「よき母」ほど、押せばつく電灯のように、当たり前の中に自らを沈めておられるので、子どもたちから感謝されることがありません。その事情が容易に察せられますので、大変短い物語ではありますけれども、生徒たちに語ってあげるのです。「年に一度だけだけど、お正月には必ずやって来て、いい子ね、大きくなったわね、と言いながら満面の笑顔を浮かべて、『はい、お年玉』と言ってくださる叔母さんは

とてもいい人、こんな人がお母さんだったらなあ。その願いを聞き取られた神さまはにっこり笑って、『じゃあ、お母さんと叔母さんを取り替えてあげよう』とおっしゃって、入れ替えてあげました。するとどうでしょう、叔母さんの顔からはあの笑みは消えて、お母さんと同じ口うるさい人になったではありませんか」。

平凡な日常は距離感なく当たり前の中に過ぎてゆくものです。それだからこそ子どもたちは安らかに居心地良く過ごすことができるのです。そうした意味では、報われない当たり前の中に身を沈める「よき母」であっていただきたいと思います。しかし、ときには距離を十分にとって、子どもが学校で顕微鏡を使って葉脈を観察しているうちに、温泉旅行を兼ねて紅葉狩りにでもお出かけになったらよいのです。私を産んでくれた母などは、私が小学一年のとき旅立ったまま、いまだに帰って来ません。それで、私にとって星は天体なのではなく「お星さま」なのです。なぜなら、「あなたのお母さんはお星さまになっていつも見守ってくれているよ」と語り教えてくださった方がいたからです。

自然科学に関する知識ならば、あるいはお子さまに劣るかもしれませんが、物語を語る力ならば、お母さま方が数段優れているのです。悲しみも痛みも苦労も重ねておられるからです。悲しみを知らない学問など人生を支える力とはなり得ないのです。どうか、当たり前の中に身を沈める「よき母」であることに加えて、ときに十分に距離をとって、不在、欠勤、欠席の母ともなってあげてください。その不在の空虚こそ、ありがたさの物語を生み出す豊饒の母でもあるからです。

新しい年が実り多い一年となりますようにお祈り申し上げます。

愛を抱く夢

変わりゆくもの、そのもっとも代表的なものは人間でしょう。変わりゆくと言っても、人間そのものが変わるわけではありません。ごく小さいときは手足全部を使ってハイハイ、それがしばらくすると立ち歩き、そしてやがては、杖にすがって散歩する、といった成長と衰退の経過については基本的に変化することはないでしょう。また、自分のわがまま、自己中心的な思いに振りまわされ、へとへとになり、自分にうんざりし、自己嫌悪に陥る傾向も続いてゆくことでしょう。では何が変わるのかと言うと、それは君たちが胸に抱く夢です。かつては、その夢のことを志《こころざし》と呼んでいました。また、宗教では、胸に抱く夢のことを祈りとも言い、念願とも言います。おそらく人間以外の動物は夢を見ることはあっても、夢を抱き膨らませるということはないでしょう。志をもち、祈り願う生き物は、今のところ人間以外にはないのです。そして、その志、祈りと願い、胸に抱く夢によって、人間は変わりゆくのです。

君たちにも覚えがあると思いますが、幼い頃は夢の中で何にでもなれたのです。森の妖精にも、ウルトラマン（近頃のヒーローを知りません。でもアンパンマンよりは、ましでしょう）にも、宇宙飛行士にでも、パン屋さんにでもなれたのです。それが年月を経るにしたがって、もっと現実的な自分の能力に見合った夢へと変化してゆきます。しかし、それは、かつては大きく膨らんでいた夢が、自分の限界を思い知るにつれて、しぼんでしまったということなのではありません。夢はしぼむものなのではなく、しぼるものです。この「しぼむ」と「しぼる」という自動詞と他動詞との違いを明確に自覚しておかなくてはなりません。おのずから、自然にそうなってしまったというのではなく、自分が自ら夢をしぼり込んだのだという自分の意志による主体性を保持していなくてはなりません。だから、夢の姿は変わってゆくのが当たり前です。それが君たちが自分自身をより深く知るようになったことの証しでもあるからです。

ただ、夢の姿形は変化しても、その夢の核心に変化があってはなりません。現実の厳しさによって、夢をさらにしぼり込まねばならないときもあることでしょう。あるいはまた鋭い現実という名のトゲに刺されて、膨らんだ夢がはじけてしまうこともあるかもしれません。しかしどうか夢の核心だけは捨て去らないでください。そうすればちょうど、真珠貝がその核を中心にして、また新たに美しくまろやかな玉を作り出すように、夢の核心さえあれば、夢もまた新たに結ばれてゆくに違いありません。聖書はその核心を愛であると教え示しています。君たちには何度も語ってきたことですが、愛とは無条件に差し出すことです。自分の身を裂く痛みに耐えて自らを与えることです。君たちの人生のはじめに、その身を裂く痛みに耐えて無条件に自らを与える愛を、身をもって教え示してくださる方を、お父さん、お母さんとお呼びするのです。

君たちのお父さん、お母さんの中には、聖書を一度も読んだことがない方もおられることでしょう。しかし聖書のことは知らなくても、愛の何たるかは知っておられるのです。なぜならお父さん、お母さんもまた、そのご両親に愛されたからです。愛は文字によってではなく、身をもって伝えられるものであるからです。こうして愛は身をもって連綿と続いてゆきます。「愛は滅びることがない」と聖書にあるとおりです。さあ、君たちも愛の伝承者となるべく身を裂く痛みに耐え得る者となる努力を重ねてゆきなさい。そして夢の姿形がどのように変化しようと、その核心である愛は確固として保持していることにこそ誇りを持つ者として歩み続けなさい。君たちの前途を愛深き神が豊かに祝福してくださいますように。

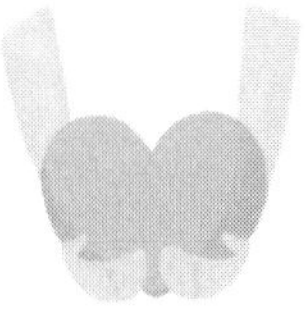

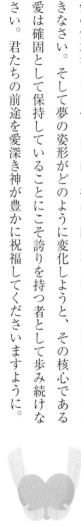

卒業の日に――愛のうちに歩みなさい

愛する者たちよ、愛のうちに歩みなさい。世の中は愛を語るほど甘くはない、などというもの知り顔の台詞《せりふ》におびえる必要などありません。そんな人たちは照れくさくてうそぶいているか、あるいは愛を正しく知らないかのいずれかにすぎません。そもそも、愛なしには誰ひとり生まれることも育つこともあり得ないのです。自らの来し方を顧みてごらんなさい。君たちを産み育んだ方々の、その生身を引き裂く痛みと、心を砕く苦悩と、場と時間とをあけ渡す犠牲とを思いみてごらんなさい。そうした苦悩、苦痛なしには誰ひとりとしてこの世に生まれ育つことはできないのです。君たちは大げさでなく「右の頬を打たれたら左の頬も差し向ける」愛のうちに育てていただいたのです。ママは「まんま」という幼児語の名残であって、それは日本に限らず、「ウンマ」「アンマ」「アマ」などなど、全世界どこでも母乳と母親とは同じ言葉なのです。子は母から食べ物をいただくのではなく、まさに母をいただいて育つのです。

「いただきます」は、食事前の「さあ、食うぞ」という号令なのではありません。ご飯を盛ったお椀を両手で支え持って、少なくとも目の上あたりまでは上げて「いただきます」と申し上げるのが本来の姿であって、食卓のご飯を見下ろして言うなどということは考えられないことだったのです。今でも少しあらたまった席では、供されたお茶を「頂戴いたします」と持ち上げるしぐさを見ることができます。頂戴とは、文字どおり頭の上に載せることです。それが近頃はお椀を持ち上げるかわりに、手を合わせて頭を下げるというふうになりました。相手を持ち上げるかわりに自分を低くする、いわば尊敬から謙譲へと変化したのです。いずれにしても、それほどの丁重な心構えをもって、しかも食卓を囲む親子が、そろって手を合わせて「いただきます」と言うのは、それが親に向かってではなく、親子ともども自分たちを超えた方に対してなされているということです。

親子そろって自分たちを超えた方を仰ぎ見るとき、家族はひとつに結ばれます。「おいしい」と言ってもらってお母さんがうれしいのは、腕前が褒められたからなのではありません。子どもの喜びが自分の喜びであるからです。ひとつに結ばれてあることがうれしいのです。父も母も自らの身を裂き、身を粉にする、その痛みによって子を養い育て

ます。その痛みによってこそひとつであり、その痛みこそを愛というのです。愛する者たちよ、そうした痛む愛のうちに育まれた者として、君たちもまた、自分の腕前がたたえられることを目指すのではなく、「あなたの喜びこそ私の喜びです」という愛のうちに生きる者となることを目指しなさい。自分の才能が褒めたたえられることを喜びとする鼻高々な人ではなく、喜びを共に分かち合うことのできる愛深い人にこそなりなさい。

君たちのご両親が「右の頬を打たれたら左の頬も差し出す」という無償の愛を恩着せがましく口にされることはほとんどありません。それは秘められていてこそ無償であるからです。秘められてあるものは、君たちによって読み解かれ、くみ取られるものであると同時に、真実の愛のありようを君たちに教え示すものでもあるのです。君たちの中には、残念ながら、いまだに秘められた愛を読み解くことなく、ただ口うるさく言われたこと、叱られたこと、しつけられたことといった、口に出されたことばかりが根強く残っている人もいることでしょう。しかし、それは世の中の仕組みの基本である「目には目を、歯には歯を」をしっかりと身に付けてほしいとの思いから、繰り返され、うるさいほど口にされたことを忘れてはいけません。どうか、本当に大切なものは表に現れているものよりは秘められてあるもののうちにあることを心に留めておいてください。

君たちがこれまで身に付けてきた学力は、評判のいい大学に合格するといったちゃちな目先の目的のためのものなどではありません。それは秘められてあるものを読み解き、洞察し、感動し、感謝するため、さらにその洞察と感動と感謝の思いに触発されて、君たち自身が愛深い人となるためのものなのです。君たちが将来どのような職業に就くことがあっても、秘められたものに対して深い関心を抱く姿勢は、神の祝福のうちにあります。なぜなら神こそ、もっとも秘められてある方にほかならないからです。君たちに対するご両親の深い愛に思いを寄せつつ、愛の源である神が、君たちのこれからの歩みを豊かに祝福してくださるようにお祈りいたします。

ケース・バイ・ケース

人は人によってのみ人となります。人が人として成長するのは人の手によって育てられるときのみです。人が人となるのは人手によらざるを得ません。人によってのみ成長し、人手によってのみ育てられるとは、その向き合う対象としての子どもが唯一の存在であることによります。物品の機械による大量生産と比較してみれば、その違いは明瞭でしょう。いわゆるオートメーションとは、規格化された物品が対象であるからこそ可能なのであって、もし取り扱われ生産される物が、それぞれ唯一のまったく個別の物であったならば、機械による大量生産は原理的に不可能であります。その場合は人手によるほかありません。

もちろん、人を人によって育てる教育現場においても、自動的に動き、規格化された部分もあります。熱があれば、通常、冷やさねばなりませんし、騒がしければ静めねばなりませんし、廊下を走っていれば「走るな」という注意もします。そうした、いわばマニュアル化された経験知識は、当然のことながら教師たちの中に蓄積されています。しかし、教育がマニュアルのみによってなされることはありません。それは常に参考にすぎないのです。むしろマニュアルに基づく画一的な平等だの公平だのというものは、人を育てる際には妨げになることのほうが多いのです。理由は明瞭です。子ども一人ひとりは違うからです。

ケース・バイ・ケースこそ教育の本領とするところです。人は大量生産できないのです。子ども一人ひとりと向き合い、対話し、その目に見えぬ背景と思いを理解するように努め、その理解に基づく言葉を紡ぎだし、語りかけ、織り上げてゆく、そうした不断の刻苦に満ちた営みこそが教育というものであろうと思います。学校という教育現場において、その使命を担っている教師たちの思いと労苦とを、どうか保護者の皆さまにおかれましても理解していただきたいと思います。もちろん、これは教職に就いた者の当然担うべき職務であり職責ではありますが、ともに子どもの成長を願うお一人として支えていただければ、ほんとうに喜ばしいことです。

テキストという言葉の語源はラテン語にあって、それは元来「織物」を意味しています。人というテキストは常にコンテキストによってのみ理解されねばなりません。一人ひとりの拠って立つ背景、家庭環境、能力特性といった文脈を知らなければ、子どもという かけがえのないテキストは読み解くことができないし、コミュニケーションも成立しないでしょう。まさに子どもという世界に一つしかない唯一無二の織物は、マニュアルや機械によってではなく、手作りによるほかないのであります。

もちろん、子どもは「生産される」だの「織り上げられる」だのといった品物なのではありません。子どもは主体性をもって自ら成長してゆく存在なのであって、教師はその主体的成長を支援し、援助する立ち位置にあります。したがって子どもに対する教師の態度も言葉遣いも、親愛と敬意に満ちたものでなくてはなりません。叱責は、罵倒《ばとう》でなく、心のこもった激励でなくてはなりません。じめじめと皮肉交じりの言い回しではなく、温かな心のこもった明確な指示指摘でなくてはなりません。そして何よりも子どもへの支援援助に欠かせないのは、継続と忍耐とであって、種をまいたから翌日は収穫ということにはならないということの承認です。収穫の実りは、やがて、子ども自身と出会う人とが味わうことができれば、それでよしとする潔さです。

こうした子どもたちへの教師の示す態度は、そのまま新約聖書の「愛の賛歌」と呼ばれる聖句と一致していることが確認できると思います。「愛は忍耐強い。……自分の利益を求めず、いらだたず、恨みを抱かない。不義を喜ばず、真実を喜ぶ。すべてを忍び、すべてを信じ、すべてを望み、すべてに耐える」と記されているとおりです（一コリント13・4—7）。

子どもへの深い愛のうちに、忍耐強く生きておられる保護者の皆さまの苦労に満ちた日々の営みと教師たちの労苦とを、慈しみ深い神が豊かにお報いくださいますように。

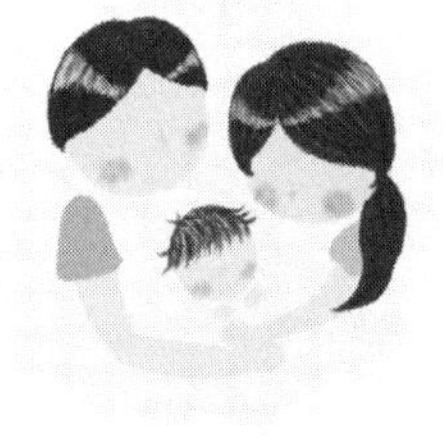

感謝

長年にわたって、社会科の教員として勤めてくださった一人の先生が、今年度かぎりで退職されました。私は、当の先生ご自身はたぶんお気づきではないと思いますが、その先生の、言ってみれば大ファンです。もちろん、人間であることと、教師であることとは共通していますが、私が持ち合わせていない美徳を身をもって実現なさっておられる方で、その教師としての姿勢に励まされ続けました。こんなことを言うと、あからさまに照れ臭がって、勘弁してよ、とおっしゃるに違いない、そんな先生です。以下は、その先生へのファンレター、もしくは感謝状です。

※ ※ ※

先生、長い間、ほんとうにありがとうございました。ほんとうは長い間などという簡単な表現では言い尽くせない幅と深みとご苦労の積み重ねがあったことは十分承知しておりますが、語るべき言葉を持ち合わせておらず、申し訳なく思います。ただ、心を酌んでいただければ幸いです。

先生は愚直な方です。こう言うと失礼な申しようかもしれませんが、私自身は愚も直もともに気高い徳であると思っております。かの聖僧良寛は大愚であり、愚禿と言えば親鸞聖人であって、その生き方は、いわゆる世間の眼から見れば、不器用で愚かでありました。しかし、その愚は、直というひたむきさによって貫かれることによって、宝石のような輝きを放ったのでありました。先生の長年にわたる労苦とひたむきな努力に思いをはせる時、愚直こそが、先生に対するもっともぴったりと当てはまる、すばらしい称賛の言葉であろうと思います。

そうした愚直で、かつ、いつまでも青いままの先生を支え、寄り添ってくださった奥さまにも心から感謝しております。奥さまにはクリスマス会の時に一度お会いしただけですが、その楚々としたお姿を拝見して、「先生にはもったいない」と神父にあるまじき憎まれ口をたたいた憶えがあります。もっともそう言われた当の先生はまんざらでもないようなご様子で、これもまた少々ムカつきましたが。その奥さまのお支えなしには、先生のお働きもなかったことでしょうし、したがって生徒たちも先生の謦咳《けいがい》に接し、その教えを受ける恩恵にあずかることもなかったことでありましょう。

先生への感謝の気持ちを表したく、お好きだというのでワインを差し上げることにしましたが、どれがいいかを選ぶ時には、「女性好みで、女性も飲みやすいものはどれだろう」と尋ねた上で、お店の人に勧めてもらったワインです。ここで言う女性とは、言うまでもなく、奥さまのことです。しかも修道者の身には不相応な痛い出費だったのです。だから、この場合に限っては、愚直にではなく、ひたむきに、お一人で飲むのではなく、ぜひぜひお二人で召し上がってください。それでなくては神の祝福はありません。私の場合、祝福がありますようにとの祈りはめったに効き目がありませんが、祝福を取り去るほうはもれなく実現しますので、必ずお二人で、ということにしてください。ご用心のほどよろしくお願いします。

たまたま、先生のご退職と私の校長退任とが時を同じくすることに、神のみ摂理、お計らいを感じます。愚直は、また、私自身の目指すところでもありますが、愚ではあっても、いまだ直ではなく、ひたむきであるよりは二向きに心が分かたれるばかりの、己の未熟さを嘆くばかりであります。どうかご退職後も、同じく愚の端に連なる者に対して、

一滴の同情をもってお付き合いくださり、従前どおり、ご指導、ご助言を賜りますようお願い申し上げます。

奥さまをはじめ、ご家族皆さまの上に、神の豊かな祝福と恵みがありますようお祈りいたします。どうかお元気でお過ごしください。ほんとうにありがとうございました。

心に納める

長崎港の北方、浦上の谷に広がる街。その浦上の地にアンジェラスの鐘が鳴り渡ります。その懐かしい響きは、アンジェラスの鐘を「お告げの鐘」と称していた幼い頃の記憶を呼び覚まします。夕刻六時、夕げの支度にせわしく立ち働いている母が、お告げの鐘の音を耳にすると、包丁片手にトントントントントン、菜を刻みながら家中に響く声で、「主のみ使いの告げありければああ」と台所からお告げの祈りを唱え始めます。それを聞きつけた子どもたちが、「マリアは聖霊によりて懐胎したまえりいい」と大声で応じるのです。むろん、子どものこととて懐胎などという語句の意味を承知してはいません。懐胎が解体であったり「買いたい」であったり、そんなことはどうでもよく、覚えたままの言葉を意味も分からぬまま唱えていたのであります。母親が鐘の音に反応するパブロフの犬ならば、私もまた、その子犬でありました。

日常の大半は身に付いた条件反射的行為の繰り返しでありましょう。一つひとつを心をこめてと心がけたとしても、今度は、こめる心が反射的なものになってゆきます。しかし、その積み重ねの結果として「心をこめて」が、考えなしに、意志することもなく、スムーズに自然に、おのずから実践される時、これを身に付いた徳とも言います。立ち居振る舞いの自然な美しさは、幼時からの繰り返しのしつけによって身に付いた徳によるものですし、内野手のスムーズで巧みなボールさばきもまた、繰り返しの練習によって身に付いた徳であります。こうした各自が身に付けた優れた徳のことを古代ギリシア人はアレテーと呼びました。もっともアレテーは、もう少し意味範囲が広く、後天的に身に付けた徳ばかりでなく、包丁はよく切れることが包丁のアレテーであるというようにも用いられますが。

学校教育の出発点は、まずもって繰り返しによる学びであり、学びによって身に付けられる徳の形成であります。日々繰り返される挨拶の指導もそうですし、例えば数学の問題の解法もまた、練習問題を繰り返し解くことによって身に付いてゆくのです。英語のレッスンの基本の掛け声は、「リピート　アフター　ミー」であります。そうした基本型としての徳が身に付いた後、はじめてその型を破るという創造的な振る舞いが可能となります。そもそも型を身に付けていない人が型を破ることは、原理的に不可能であります。したがって創造性を育むためには、まずもって、それぞれの社会で伝統的に大切にされている型と徳とをしっかりと身に付ける指導が欠かせないのです。自主性だの主体性だの個性だのと、声高に主張する向きもありますが、そう力まずとも、思春・青春はすでに自主的であり、主体的です。ただその思いを表現する術が十分に身に付いていないにすぎませんし、個性と言えば、生まれた時からすでに個性的であります。

創造的であることは、単なる思いつきやアイデアを言うのではなく、従来の考え方を十分に学び踏まえた上で、それを破り、さらにその従来の考え方に染まっている社会をも説得し、納得せしめる表現力を身に付けた時に出現するものです。神童だ、天才だと騒ぐのは、騒ぎもてはやす人の物指しと器が短く小さいにすぎません。アインシュタインにしろ、湯川秀樹にしろ、それに先立つ研究者の業績の上に立っているのであって、博士の恩師仁科先生のご指導なしにノーベル賞はなかったことはその自伝に明らかであります。

どうかお母さま方、自信をもってご自分の考え方をお子さんに伝えてください。良心に基づく常識を繰り返し繰り返しお伝えください。それに対する反発や反抗は思春・青春期の特徴であり、特権であります。話の分かるお母さんというのは、すぐに言いなりになる母なのではありません。まずゆっくり耳を傾け、すぐに答えを出さず、「少し考えさせて」と時間と期間とを置いた上で、「私も考えてみたけれど、あなたももっと考えたことがあるでしょう。もう一度聞かせてちょうだい」というふうに、互いの思いと考えを深め合い、成長し合うことのできる母を、話が分かるというのです。「私もあなたのおかげで考えが深くなった」と感謝できれば、上の上であります。こうした子育てを通して人間的成長を遂げる機会が与えられてあること、それこそ母たるものの特権であります。

福音書によれば、イエス・キリストの母マリアもまた、「これらすべてのことを心に納めておられた」と繰り返し記されてあります。母マリアもまた、息子イエスとの交わりの中で深められ、成長された方なのであります。

長崎浦上の谷に、丘に鳴り渡るアンジェラスの鐘の音に耳を傾ける時、「すべてのことを心に納める」母たるものの懐の深さと温かさとが懐かしく思い起こされ、また、幼い頃から習い覚えたままにお祈りの続きが口をついて出てまいります。「われは、主の使い女なり」「仰せのごとく、われになれかし」。

この上野の丘に――ある日の朝礼講話から

君たちの多くが通学路としている大橋電停から校舎正門に続く坂道の途中に、山里（長崎市立やまざと）小学校がありますね。その正門横に小さな立て札があるのを知っていますか。それには小学生にも読めるように漢字には仮名が振ってあり、『昆虫の楽園に』と題されて、こう記されてあります。「この丘には、原爆で亡くなられたお兄さんお姉さんが、しずまっておられます。

わたしたちは、この丘のセミやコオロギをつかまえません。亡くなった方々にたくさん虫の声を聞いてもらうためです」。

散歩の途中で、ふとその立て札があることに気づいたのですが、立ち止まって、何度も何度も、読み返しました。なんという尊い優しさなんだろう。なんと深い願いなんだろう。読み返すうちに、涙がにじみました。

君たちもよく知っているように、山里小学校は原爆が投下された爆心地から六百メートルほどしか離れていないのですから、原爆の放射熱と爆風とによって、校舎はもちろん、その中におられた方々も、一瞬のうちに消え去ったのです。資料には「在籍総数一五八一人のうち、およそ千三百人が死亡したものと推定されている」と記されてあります。山里小学校を救護所として救護隊による救援治療活動が行われましたが、死亡者が続出、そのつど運動場で火葬され、その炎は何日もの間、夜空を焦がしたそうです。

ぼくたちは、セミやコオロギをつかまえて遊ぶのは楽しいけれど、がまんするからね。わたしたちは、この丘で遊び回って踏みつけたりしないからね。原爆で亡くなったお兄さんお姉さん、かわいい虫の声をいっぱいいっぱい聞いてくださいね。その約束、その願いは、遺骨さえ残らないほどの高熱で溶け去ってしまった方々を思う深い思いやりなのです。

君たちが、例えばこの立て札に記されてあるような、亡くなられて直接目には見えない方々のことを思いやることのできる優しさを持っているならば、そしてその思いを、例えばセミやコオロギをつかまえない、丘を踏み荒らさない、という行為によって示すことができるとするならば、そのとき、君たちは紳士であるのです。

さあ、目に見えるものの向こう側にある目に見えない痛みと悲しみを思いやり、それを言葉と行為とによって表現することのできる紳士となりなさい。目に見えるものの奥にある目に見えないものを見て取る力、読み取る力、それを読解力と言い、読み取ったことを言葉や行為・態度によって正しく表記し表現する力を表現力と言い、その読解力と表現力を合わせたものを学力と言います。だから、学力を身に付けるために一生懸命努力しなさい。努力して、思いやり深く、心優しい紳士となりなさい。

大学進学のために勉強するのではなく、例えば国公立の大学に合格して、他人《ひと》を見下したり威張るために勉強するのではなく、高い人格を備えた愛深い紳士となるために学び続けなさい。そのとき初めて、君たちは正しく誇り高き人であるのです。大学合格は、紳士となるための必死の努力を続けた君たちへの、神様がくださるオマケのごほうびにすぎません。そして授業や自習の合間に、ときには心静かに、木々の間でさえずる鳥の声に耳を傾けてごらんなさい。

君たちが学んでいる校舎が建っているこの上野の丘にも、かつて長崎工業高校の校舎があって、山里小学校と同じく、やはり原爆によって多くの方々が亡くなられておられるのですよ。例えば君たちが、木々の間を飛び回る鳥の声に静かに耳を傾けるとき、原爆の犠牲となられ、この丘にしずまっておられる方々も、きっと同じ鳥の声を聞いておられることでしょう。そのお姿を思い浮かべることができるとき、君たちは思いやり深い紳士となっているのです。

万法すすみて自己を修証す

私の宗教倫理の授業時間は自分で何をやっていてもいいよ。宿題のやり残しがあるならそれをやってもいいし、受験に必要な科目を勉強してもかまわない。寝不足の人は寝てなさい。もちろん私の方は一生懸命準備して授業をやります。授業は、君たちが私を無視する力と私が君たちを惹《ひ》き付ける力の勝負だ。これは、毎年四月の最初の授業のときに生徒たちに向かってする宣言です。もっとも宣言は勇ましいですが、十回の授業で私の二勝八敗というのが実態です。しかし、次年度は少なくとも四勝六敗へのレベルアップを目指します。その涙ぐましい努力の一端を紹介しますので、深い同情をもってお読みください。

高等学校の倫理でイギリス功利主義の分野と言えば、ベンサムが掲げた「最大多数の最大幸福」という決まり文句の解説をすることはもちろんですが、満足した豚であるよりは不満足なソクラテスである方がまだましだ、と言うJ・S・ミルの考え方をも合わせて語っておいておしまいというのが相場です。しかしこの相場ではなお不満足であるという向きは、さらに、「幸福を追求することによっては幸福は得られない。むしろ幸福のことなど忘れて、有益な仕事に熱中することによって幸福を感じることができる」というミルの言葉を生徒たちに紹介することになります。さらにまた、幸福は幸福追求によっては得られず、幸福を忘れているときにこそ幸福なのだ、などという逆説的な言い回しに、宗教的な匂いを嗅ぎつけるのは、とりわけ倫理科目と宗教科とを兼任していることの多いミッション・スクールの教師の宿命とも言えるものであります。

例えば同様の言い回しは道元による『正法眼蔵《しょうぼうげんぞう》』の「現成公按《げんじょうこうあん》」にもあって、「仏道をならふといふは、自己をならふ也。自己をならふといふは、自己をわするるなり。自己をわするるといふは、万法に証せらるるなり」という有名な一節がそうです。ここの「自己」と上掲のミルの「幸福」とを置き換えれば、「自己を追求することによっては自己は得られない。むしろ自己のことなど忘れて、有益な仕事に熱中することによって自己を感じることができる」となって、道元の言わんとするところが了解できるではないか。なるほど洋の東西を問わず、偉い人の言うことは相通じるものだ、などという不届きな思案に、ニタリと悦に入るということもありがちです。そして悦に入ったまま得々と生徒たちに語ることになります。

自分自身を忘れているとき、君たちはもっとも自分自身になりきっているのだ。自分の幸福のために生きるのではなくて、自分の幸福は忘れて他者のために尽くすとき、自分の幸福は実現しているのだ。幸福は君たち自身が自覚するのではなくて、君たちが幸福だということは、例えば君たちがその人たちのために尽くしたという、まさにその人たちの笑顔が証しするのだ、これこそ道元が言うところの「万法に証せらるるなり」という文句の意味である、といった具合です。もちろん、ここでさらに強引に聖書と絡ませるのも、ミッション・スクール宗教倫理担当教師の習性で、「自分のいのちを救いたいと思う者は、それを失うが、いのちを失う者は、それを得る」というイエスの言葉を引いて、自分のいのちを捨て去って他者のために尽くすとき、まさにいのちはいのちとなるのだ、と締めくくるということになります。

功利主義のミルから道元へと跳びはね、着地点は聖書というお決まりのコースの骨組みの一例を記してみましたが、興味関心の薄い生徒たちの関心を引こうと、教材研究に七転八倒している宗教倫理担当者の姿を深い同情をもって察していただければと思います。結びは、道元の言う「万法に証せらるる」を思い起こさせる聖書の一節です。

神を愛する者には、万事ともに働きて益あらざるはなし（ローマ8・28）。

ある物語

ここにある物語があります。まずは、それをお読みください。

〈ボクの母は、父が亡くなってからは、毎日、朝早くから仕事に出かけます。ボクが起きるときは仕事に行っていて、もういません。学校からはできるだけ弁当を作って持たせるように言われていますが、それができません。それでいつもテーブルの上に五百円玉がのっています。パンと牛乳代です。しかし、ボクがクラブ活動の遠征試合に行く朝は違っていました。朝起きて、テーブルの上を見ると、いつもの五百円玉ではなくて、弁当が作って置いてありました。ボクはびっくりしました。そしてその弁当の横に、おまえの好きなトンカツです。試合がんばりなさい、と書いてありました。きつい仕事を朝早くからしている母が、いつもよりもっと早起きして作ってくれたトンカツ弁当でした。トンカツが試合に勝つ願いがあることもわかりました。ボクはその弁当をタオルでまいて、リュックのいちばん上に入れました。運ぶ時も、いつもより大事にリュックをあつかいました。弁当の時間になって、さあ食べようとしたとき、そのトンカツをいきなりトンビに取られたのです。猛烈に腹が立ちました。トンビにはただの餌、食い物なのかもしれないけれど、ボクにとって、その朝のトンカツは特別だったのです。先生がいつも話してくれる「ものの背景を見なさい」というのは、トンカツを作ってくれた母を見ることだと思います。トンビには見えないけれど、人間であるボクには母の苦労とボクのことを思ってくれる母の気持ちが見えるのです〉。

この物語は生徒の作文です。その素朴に過ぎる稚拙な表現からして、せいぜい中学一年生あたりの生徒によるものだろうと推察されるかもしれません。高校生ならば、例えば「トンカツが試合に勝つ願いがある」のところは「トンカツが縁起を担いでのこと」と表現するくらいの力はあるはずですし、「さあ食べようと」なども、「いざ食べようと」とするはずだからです。さらに、これだけの長さの文章の中に接続詞が、「しかし」ただ一回しか用いられていません。こうしたことから、この文章は中学一年生あたりのものだろうと思われるのでしょうが、実はれっきとした高校生によるものなのです。つまり中学一年生程度の学力しかない高校生の文章なのです。しかし、稚拙ではあっても、どんなものにもそれぞれに背景があって、その直接目に見えない背景奥行きを見る力があるのは人間だけなのだ、という事態の了解が明確に示されていることは明らかでありましょう。作文に朱筆を入れて、先に記した表現を提示し、接続詞の入れ方・用い方を指導しましたが、その上で、「君は十分に理解力を備えているし、読解力も優れている。何よりも大切なことは、自分はできの悪い人間だという思い込みから自分自身を解放することだけだ。そんな思い込みの牢獄に自分を閉じ込めていては、自分自身がかわいそうだよ」と書き添えて返却しました。

作文とは言っても、涙を誘う作文はすでにひとつの物語であります。それはただ指示された宿題や課題の消化作業としての結果なのではなく、書き手自身が、例えば母の労苦と愛とを思いやり、感謝のうちに涙しながら書き記しているに違いないとき、それはそれを書いた者自身と読む者とを揺り動かし、解放する作品なのです。したがって、大学受験のことを考慮してなされる添削指導そのものが、実は、むなしくなるほどの説得力を持つ作品になり得ているのであります。表現の稚拙さを超え出て訴えてくる力を持つとき、そうした作品をこそ物語と呼ぶのでしょう。この中学一年生程度の学力の持ち主は、すでに物語作家となり得ている高校生なのであります。その自覚を促すために、できの悪い自分という思い込みからの解放を当の本人に訴えた次第です。解放とは、また、開放でもあります。自分自身以外の「ものの背後に広がる目に見えない背景」を開放し、視野を広げるとき、そうした努力を重ねるこの自分自身もまた、自己中心というありようから解放されてゆくという道が開かれてあるのでしょう。まさに人間的成熟とは自己開放にほかならないからです。

自分を担う――原爆記念日にあたって――

毎年、原爆投下の記念日が近づくと必ず、心の痛みとともによみがえる思いがあります。それは忘れられない傷となって心に深く刻まれている思い出です。

私の父親は、普段とても無口で、穏やかで、まあ優しい人でした。とりわけ母親を早くに亡くした私たちには意識して優しく接してくれていたのだと思います。その穏やかで優しい父に一度だけ、たぶんそれが最初で最後ですが、思いっきりぶん殴られたことがあります。少し大げさに響くかもしれませんが、そのときは文字どおりブッ飛びました。

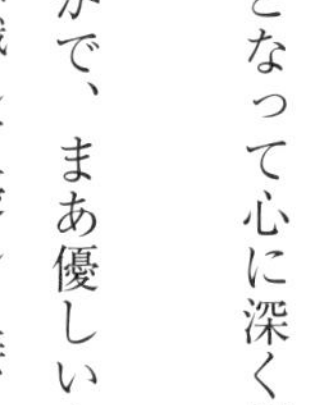

それは、小学校三年生のとき、学校帰りの道でのことでした。向こう側から黒い帽子を被った一人の男の人が歩いてくるのが見えました。その人は顔が赤黒くむくんでいて、溶岩のようにでこぼこしていました。少しうつむき加減のその人の目のまわりも、醜く

もりあがっていて、目玉がその赤黒くもりあがった肉の間に埋まっているようでした。「うわっ、バケモン」、それがそのとき私の口から出た言葉でした。しかも大声だったのです。その声に合わせるように一緒にいた友達も、「バケモン、バケモン」と大声ではやしたてたのです。その男の人は何も言いませんでした。怒ったりもしませんでした。ただ、来たときと同じように、だまってうつむいたまま、少し引きずり気味の足で通り過ぎて行きました。その背中に向かって、なおも私は、「バケモン、バケモン」と罵りの叫びを浴びせ続けたのでした。

その様子を見ていた近所の人から聞いたのだと思います。仕事からもどった父は、私を目の前に座らせた途端、ものも言わず、いきなり私を思いっきりぶん殴りました。訳《わけ》の分からない私は、もちろん痛いのは痛かったのだけれども、それよりは普段優しくて子どもに手を挙げるようなことのなかった父からいきなり殴られたので、その驚きと衝撃で大声を上げて泣きました。

ひっくり返った私をもう一度座らせておいて、父は私に言い聞かせました。どうして殴ったか分かるか。おまえは、今日、男の人にバケモンと何度も言ったそうだな。いいか、あの人は、自分であぁなりたくてなったんじゃない。おまえも学校で習ったと思うが、原爆で火傷《やけど》して、ひどい目にあった人なんだ。その人に向かってバケモンとは、「なんばして、お前は、そがんひどかことば言うとか」。このゲンコツの教えは、何事かあるたびに心の疼《うず》きとともによみがえってきます。「あの人は自分でああなりたくてなったんじゃない」。

人は誰でも、自分でそうなりたくてなったのではないものを持っています。生まれてみたら、そこが自分の家だったのだし、この人がお母さん、あの人がお父さんだったのです。見た目も容姿も、性格にしろ傾向にしろ、能力も才能も、長所欠点、ゆがみひずみも、みんなそうです。それは誰かのせいと言って責めたりできるものなのではなくて、すでに与えられたものとして自分で担ってゆくべきものです。

これが自分なんだと覚悟して、自分を自分で黙々と担ってゆくほかないのです。自分が担っている傷やゆがみやひずみから、人の痛みを思いやる優しさが生まれます。心に留めておいてほしい。どんなに幸せそうに見える人にも、自分で担っている悲しみが必ずあるのだよ。その幸せそうに見える人は、悲しみから出てくる痛みの中で、必死にけなげにほほえんでいるんだよ。

君がうらやましがらなくてはならないのは、幸せそうにしていることなのではない。そうではなくて、痛みに耐えてもなお、笑顔を浮かべようとしている、その意志の力こそをうらやましがらなくてはならないんだよ。どうか君も、自分で自分を担うことのできる雄々しく勇気ある人になってほしい。黙々と静かな笑顔を浮かべることのできる、シブク、カッコイイ人であってほしい。

原子爆弾は、そうあるはずではなかったあの男の人を、その人の意志に関係なく、否応なく不幸のどん底に陥れました。私はその人の背を、言葉の鞭《むち》でさらに打ち続けた人間です。その私が君たちに何を教え諭したりできるだろう。教えたり諭したりすることのできない私にできることは、ただ、君たちに対して、夢を語り、かくあれかしと祈り願うことだけなのです。その祈りと願いを抱き続けることが、おそらくもう、亡くなられておられるであろうあの男の人への鎮魂歌なのです。

さあ、まもなく十一時二分のサイレンが鳴ります。黙とうをささげましょう。

尊い使命を担う君たちへ

空の鳥を見なさい、とはイエス・キリストの言葉です。もちろん、こんな単純な言葉ならば、別にイエス・キリストでなくても、例えば幼稚園の先生も園児に向かって「ほら、お空の鳥を見てごらん」と指さし語ることは普通に想像できます。しかし、それに続く言葉は普通には語り得ないものです。「蒔《ま》きもせず、刈りもせず、倉に納めることもしない。しかし天の父は鳥を養ってくださる」。

この言葉は、しかし、処世訓として語られてきているイソップ物語の「アリとキリギリス」とはまったく違います。炎暑酷暑の中を一生懸命に働いているアリたちを尻目に、キリギリスは働きもせず夏中遊び暮らします。しかし食料の乏しい冬になると、これに備えて働いていたアリたちは飢えず、キリギリスは凍え死ぬというわけです。世のありよう、世の中の仕組みをほんとうに分かりやすく教えてくれています。

世の中の仕組みの基本は、イソップ物語が教えるように、労働の見返りに報酬を手に入れるという交換にあります。交換なしにこの世の中で生活できる人は一人もいません。挨拶を交わすことも、メールのやりとりも、点数と合格も、代金を支払って物品を購入することも、すべて交換の原理に基づいています。古代バビロンの法典に、「目には目を、歯には歯を」と記されているように、人間の生活は、はるか昔から、等価交換を原則としているのです。また、生命を維持するための新陳代謝も、必要とする要素と不要となった要素との交換です。

しかし、考えてごらんなさい。自分の人生を振り返って「わが人生は新陳代謝であった」と言う人はいません。これを詩の形式によって表現してみましょう。

交換は寂しかった。むしょうに悲しかった。
無機質の等価交換という名のやりとりに耐えられなかった。
交換は、ついに、叫び声を上げた。
だれか助けてくれ、この冷たい牢獄から出してくれ。
その呻きと叫びが届いたとき、

神は慰めの言葉を与えられた。
それは胸にやすらぐ乳飲み子に語りかける母の声であった。
よしよし、いい子。

君たち自身も、かつて、聞いたに違いない優しいその語りかけによって、世の中を貫いているはずの交換原理が、実は人生の初めに、すでに破られているのです。それは、何の交換もなしに、無力そのものである君たちに向かって語りかけられた、あの懐かしく温かい「よしよし、いい子」と言う母なる者の声です。労働とも点数とも無縁の、そう言ってもらえる何の理由も持ち合わせていない、この自分に向かって語られた言葉です。その無償の愛の表明こそ、交換を無機質な牢獄から救い出す喜びの源泉なのです。

さあ、精いっぱい努力研鑽して、自分に与えられた能力を伸ばし、輝かせなさい。怠け者のキリギリスのようになってはいけません。刻苦勉励して、この交換原理によって貫かれている世にあって、自分の希望を達成できるようにひたすら励みなさい。しかし、忘れないでいてください。君たちがそうした努力を続けるのは、国公立大学や有名私立大学に入るためなのではなく、天国に入るためのものであることを。

天国とは、「蒔きもせず、刈りもせず、倉に納めもしない」鳥が無償で養われる愛の国だからです。人生の喜び、生きがいは、この天国のありように根ざしているのです。その無償の愛のすばらしさを、ただ交換のみで縛られ、傷つき苦しんでいる世の人々に伝えることのできる者となりなさい。その使命を心しずかに担いつつ歩み続ける皆さんの上に、神の豊かな祝福がありますように。

「アッという間」

「校長先生、ボクたちのクラスの授業はいつですか。ボクたちのクラスの授業はしてくれないんですか」。中学一年と二年の生徒たちが廊下を歩いている私に絡みつくようにして口々に言ってきます。先日、中学の授業担当者の出張があって、一年一組と二年一組の授業を代行したことがあったのです。一組はやったのに、二組の自分たちの授業はやってくれないのですか、ということです。この校長先生、なかなかの人気者であります。

授業終了のチャイムが鳴ると同時に、話の途中であっても即やめる、というのが身に付いた長年の習慣で、その代行授業の際もチャイムと同時に「はい、ここまで」と終了を宣言したところ、「エェー」と中断への不満と抗議とブーイング。「続きは、またの機会に」と言い残して教室を後にします。「アッ」という間に終わってしまった授業、例えば生徒たちが授業の感想文にそう書いてくれるとしたら、それはたぶん、いちばんのほめ言葉でありましょう。

時計で測れば五十分という長さのあるものが、「アッという間」であるという事態の体験が永遠を感得する有力な手がかりとなります。逆に言えば「アッという間」を一度も体験したことのない人が永遠を了解することはなかなか困難でありましょう。時間として計測できない事態が厳としてあるのだということの確認は、永遠という事態もまた、必ずあるのだ、との確信につながっていきます。

永遠のいのちが、あたかも永続するいのちであるかのごとく語られるのは、理解を助けるための手段（これを方便と言いますが）としてはいたしかたのないことではありますが、それは永遠についてとんでもない誤解を生み出すことにもなりかねません。その誤解は、ひとつは、永遠を、重さ、長さ、大きさといった度量衡によって計測し表現するのは、あくまで方便にすぎないということが忘れ去られてしまうことに起因しますし、ひとつは、いのちのありようそのものの無理解によるもののようです。

永遠のいのちが、永続するいのちのことだったりしたら、勉強なんかしなくてもいいんだよ。お母さんに「おまえはいつになったら勉強するの」と言われたら、例えば、「心配いらないよ。二億年たったらやるよ」と答えておけばいいわけだ。二億年たった後、また叱られたら、また同じ答えを繰り返せばいい。こうして果てしなく続いてゆくいのちは、何の張りもない、永続する退屈ということになってしまうことだろう。

　この自分に与えられてあるいのちは、いつか必ず終わるんだよ。終わる時があるからこそ、今のこの時がかけがえのないものとして輝くんだ。花は散るからこそ美しい、という真実を理解しておかなくてはいけない。だから、自分に与えられてある今のこの時を大切に用いなさい。大切に用いるというのは、集中するということだ。集中するというのは、ひたすら、ひたむき、ひとすじという心の整え方のことだよ。

　ひたすら、ひたむきな心でわれを忘れて何事かに取り組む時、君たちはいつか必ず終わるこのいのちの中で、永遠のいのちをかいま見ることができるんだ。「アッという間」という永遠を味わうことができるんだよ。長さで測られるいのちは長い短いといって比較されたり、比べっこされたりするし、テストの点数も比べられてしまう。しかし、「アッという間」はそもそも長さがないから比べようがないし、解ける解けないは別として君たちが、例えば思いっきり難しい数学の問題にひたむきにわれを忘れて取り組んでいるとき、そこには優劣はなくて、ただ学びにひたっている君がそこにいるだけだ。

　永遠のいのちのありようとして語られる天国、そこには優劣や長短といった比較はないんだよ。ただ、君と、ひたむきに君がまなざしを注ぐその同じひたむきなまなざしで君を見つめ返してくださる方とがあるばかりだ。しかし、それだけでは、思春・青春期の君たちには物足りないだろうというので、天国はごちそうが並び、花々が咲き乱れ、金銀財宝で飾られ、よい香りに満たされ、すばらしい楽の音が流れて、光と輝きに満たされている極上の場所というように説明するわけだ。

しかし、やがて、いつの日か、君たちが愛の何たるかを知る日が来るとき、例えば焼き芋をホクッと割って愛する人と一緒に食べることの幸せを味わうことができるとき、ずらりと並んだごちそうなんかいらないことを思い知ることだろう。ひたむきに愛する者と共にある、時間を超えた「アッという間」に満たされた国、それが天国なのだから。

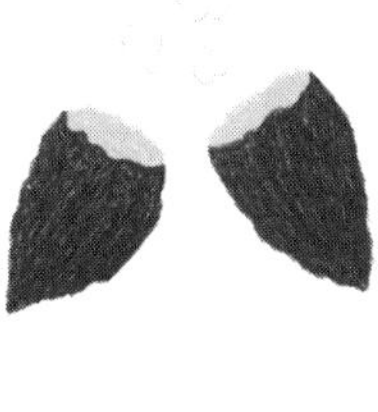

青春のただ中にある君へ

青春は、つらく、かなしい。青春は不器用で、まじめにやることが照れくさい。青春は、心を痛めるときだ。息をするだけで精いっぱい、ということさえある。ほんの少しの言葉や視線によって傷つき、突き刺され、血を流す。わずかな行き違いが心の重荷となってのしかかる。

それは、君が弱々しいからなのでは、断じて、ない。

青春がそうであるから、そうなのだ。

青春は防御を知らない。まるごと、与えられるがまま受けとめてしまうがゆえに傷つくのだ。深く傷つくのだ。

君はその青春のまっただ中にいる。その君に語りかけようとするとき、言葉はいたわりに満ちたものにならざるを得ない。言葉が見つからないときは、沈黙のうちに、見守ることしかできない。

そうした心で君に語りかけてみようと思う。

優しい人になりなさい。思いっきり優しい人におなりなさい。ほんとうの優しさには厳しさも必要だ、などという言葉に惑わされることはありません。それは優しくできない人が、あとから取って付けたへ理屈にすぎません。君が心優しい人であるならば、厳しさなどというものは、心配しなくても、優しさの後ろからしずしずと家来のように遠慮がちについて来ます。

君は運動会をするために生まれて来たのではないんだよ。だから走り続けて疲れたのだったら、休めばいい。ゆっくり休んで、自分を見つめてごらんなさい。そこに「ひとりぼっち」が見えてきます。そのひとりぼっちのかなしみを、ゆっくりと、そしてしみじみと味わってごらんなさい。神さまが、君に、ひとりぼっちのかなしみを与えられたのは、愛が生まれるためなんだ。なぜなら、ひとりぼっちのかなしみを知らない人が、愛を知ることはないからだ。その温かさも、ぬくもりも、やすらぎも、ひとりぼっちのかなしみを味わった人だけが手に入れることができるんだ。

だから、ひとりぼっちから逃げてはならない。あせって、ひとりぼっちであることを忘れようとしてはいけない。逃げようとしても、忘れようとしても、君がひとりぼっちであることは消え去らない。逃げよう、忘れようとして、君がどんな気晴らしをしようと、どんなにおもしろおかしいことに夢中になっても、ひとりぼっちはずっと君に取りついて、君から離れることはないんだ。

だから、逃げたり忘れようとしたりするのではなく、恐れずに、ひとりぼっちと正面から向き合いなさい。そして、落ち着いて、しずかに、ひとりぼっちであることを確認しなさい。そのさみしさをしみじみと味わいなさい。そのかなしみを心にしみ込ませなさい。そうすると君の心は深く広くなっていって、やがて、その奥底に、愛を求めている君自身がいることに気づくことでしょう。

愛は、ひとりぼっちのかなしみから生まれます。かなしみを深く味わった人だけが、愛深い人となることができるのです。君も愛深い人となりなさい。心優しい人になりなさい。思いっきり優しい人におなりなさい。ひとりぼっちに優しく手を差し伸べる人になりなさい。そのとき君は、自分自身のひとりぼっちも同時に、愛によって癒やされていることを思い知ることでしょう。

ひとりぼっちをしっかりと担って歩む人でありなさい。愛深い人となるために、かなしみを深く味わう人となりなさい。かなしみをしみじみと心にしみ込ませた君だけが、人を切々と愛することのできる者となるのだから。

青春は、かなしく、つらく、不器用で、傷つくものだ。しかし、かなしみも、つらさも、不器用であることも、傷も、すべてが愛深き者となる源泉なんだ。

さあ、夢を抱き、目標に向かって歩みはじめなさい。その実現へ向けて、知性を磨き、技能を身に付けるよう懸命に努力しなさい。夢や目標は、さまざまな事情、あるいは出会いによって変化するかもしれない。しかし、その核となる愛を失ってはなりません。むなしさは愛の喪失から出てくるのです。ひとりぼっちを勇気をもってしっかりと担いつつ、愛深き者となるための旅をつづける君の上に、愛の源である神の祝福が、豊かにありますように。

思い浮かぶままに

冬の雨に濡れているグラウンドは静かです。冷たい雨に打ちさらされながら、ただそこにあるという静けさがあります。その静かな姿に胸を打たれます。

例えば、君が野球部の部員ならば、グラウンドに入る前には、いったん立ち止まり、帽子をとって姿勢を正します。そして「お願いします」と一礼してグラウンドに駆け込みますね。グラウンドといっても、それはただ土をならした平らな地面の広がりです。しかし、君があらたまって姿勢を正し一礼すると、その平らな地面の広がりは神聖な場へと変化します。それは体育館であっても教室であっても同じことです。君がそれに対する態度と心構えによって、場は変化するのです。

同じことは、グラウンドや体育館や教室といった空間だけでなく、時間についても言うことができます。一日は日が昇り、日が沈むということの繰り返しであって、時間に換算すれば二十四時間という長さのことです。そこに例外はありません。しかし、君が今日は一月元旦、新年の初めの日、お正月であると意識して、服装もきちんとしたものを身に着けて、「今年はがんばるぞ」とあらためて決意する時、日が昇り、日が沈む、その一日は神聖な特別の日になります。しかし、それは別に一月一日に限られるのではありません。君が心をこめて「よし、今日から心を入れ替えてやるぞ」と新たな旅立ちを決意するならば、その「今日」こそが君にとっての元旦となります。

君は、時に心静かに雨に打たれているグラウンドを眺め見ることがあってよいのです。いつもなら君のスパイクで、遠慮なく蹴られ、削られ、走り回られるグラウンドが、今は静かに雨に濡れていいます。その静かな沈黙の姿を味わう青春のひとときがあってよいのです。君の足で踏みつけられても、削られることがあっても、愚痴一つこぼさず、じっと君を支え続けているものの偉大さとおおらかさとを思いやるひとときがあってよいのです。例えば、君がサッカーの試合で、みごとにゴールを決めてゴールネットを揺らした時、拍手喝采を浴びるのは君であって、グラウンドなのではないという事実の中に、君はそのグラウンドのありようの奥深さをかみしめることがあってよいのです。

君は、先輩や指導者から、そうすべきだと教えられてグラウンドに入る前に一礼し、「お願いします」と言っているだけなのかもしれない。しかし、君が、静けさの中で、沈黙のうちに、当たり前の中に身を沈めて、したがって意識されることもなく、感謝されることもなく、ただ黙々と支え続けているその姿を見抜くことができるならば、君は教えられたり、しつけられたり、強制されたりしなくとも、おのずから一礼して「お願いします」と言うことだろう。練習を終えて立ち去る際には「ありがとうございました」と頭を下げることだろう。

　ものを見る目を、眺め見る目を、見抜くまなざしを自分のうちに意識して育て、はぐくみ保ちなさい。そのためにぜひ、一日のひとときを、一人で、しずかに過ごすよう努めなさい。目の前にあるものに手を出したり、触れたりせずに、じっと眺め見る時間をもちなさい。そうすることによって、君は、目に見えるものの向こうにある、目に見えないものの尊いありようを味わい見ることができることでしょう。しつけられて、しつけられたまま行動するのは子どもです。しつけられたまま行動することに屈辱を感じ、人間としての誇りを傷つけられているように思い、自己主張の証しとして、まっすぐにすべき挨拶をやや斜めにずらしてみせるのが思春期です。しかし、例えば君が、スマートフォンやゲーム機にしつけられ、しつけられたまま手を使い、自動的にスイッチを入

れることに屈辱を感じず、まして人間としての誇りを傷つけられているとも思わないとしたら、君はいまだ思春期にも到達しえていないガキにすぎません。

青春はもの思う時です。その「もの思い」を、ものの目に見えない向こうへの思いやりとするように努めなさい。例えば、雨に打たれているグラウンドを眺め見て、わが身を削りながらも当たり前のうちに身を沈めて、黙々と君を支えている父なるもの、母なるもののありようを見て取る者となりなさい。そして、その時こそが君にとって心新たに旅立つ特別の日となることでありましょう。新たな年を迎えるにあたって、君が自らのうちに正しく美しい思いやりをはぐくみ育ててゆくことができますように、神の祝福を祈ります。

サウイフモノニ、ワタシハナリタイ

授業の内容が「わかりたいのにわからない」子どものかなしみがおわかりでしょうか。わからないようになろうと努力する子どもがどこにいるでしょう。どの子も知りたいのです、理解したいのです、わかりたいのです。初めて目にするもの、出会うもの、出くわすこと、それに対する驚きと好奇心と、そしてそれゆえの問いかけと、幼い頃からそうであったように、中学生になっても高校生になっても知りたいのだし、理解したいのだし、わかりたいのです。

お母さま方はどなたでも、初めて目にするものが目に入るたび、指さして「あれは、何?」、「どうして?」の連発に閉口してしまった経験がおありでしょう。「どうして止まるの?」「赤だから」「どうして赤は止まるの?」「赤のときは止まることになってるのよ」「どうして止まることになってるの?」「みんなで決めたの」「どうして決めたの?」。お母さんは困ってしまって、「ほ

ら、青になったから行くわよ」と子どもの手を引きます。

これは信号待ちのときばかりではありません。同じような情景は教室でもしばしば見受けられます。「そういうことになっている」と授業内容に区切りをつけ、「はい、次のページを開いて」と進めていくうちに、つないでいたはずの生徒の手は、いつの間にか離れてしまっています。気づいたときには、その生徒がどの地点にいるのかの所在も判然としなくなります。とすれば当の生徒が、授業中、所在なくしているのも当然でありましょう。

こうした場合、まず何よりも生徒の所在地の確認が先決問題です。ただ基本的に安心していていいのは、通常の行方不明者の捜索の場合とは違って、その生徒の安否に関わる気遣いは無用であること、および「もどりたい」という秘められた意志を心の奥底に失わずに保ち続けているということです。したがって、どの地点で、つないでいたはずの手が離れたのか、どこからわからなくなったのかを確認して、そこに手を差し伸べれば、手は差し出されるのです。

生徒はかならず手を差し出します。ただ素直にそうすることができないだけなのです。それももっともなことではありませんか。何日も、何カ月も、ひどい時には何年もの間、放置されていたのですから。ならば、まずは時間をかけて信頼関係を構築し、手をかけて連れ戻してあげなくてはなりません。「こんなこともわからないのか」という台詞《せりふ》は、叱責ともなれば、心からの同情の言葉ともなり得ます、「大丈夫だよ。さあ、みんなのところまで一緒に行こう」という励ましを添えて。

しかしやがて、子どもは自らの意志で、手を離します。ありがとうという感謝と自らの力で歩んで行く決意とによって。その別れ去りゆく背を、「君に幸せあれ」と祈りつつ見送るという、切々とした思いを味わえることは教職に身を置く者の醍醐味であります。寄り添いつつ自立を促す、愛と忍耐とをもって背を押し続けた手を、そっと、当の生徒に悟られないように離し、自分自身の力でできたのだという自信と誇りとを味わわせるという、その務めのなんとあざやかで潔いことでしょう。

生徒が「ひとりで大きくなったような顔をする」というのは、教職にある者にとっての理想であります。恩師とも呼ばれず、教え子とも言わず、ただその幸せを祈り、そして、さらにまた新たに委ねられることになった目の前の子どもたちと向き合い、その所在地確認を手始めに、手を差し伸べ、文字どおり手引きする。その「よし、やるぞ」の腕まくりした腕のなんと頼もしく尊いことでしょう。

「施しをするときは、右の手のすることを左の手に知らせてはならない。あなたの施しを人目につかせないためである。そうすれば、隠れたことを見ておられる天の父が、あなたに報いてくださる」（マタイ6・3―4）というイエス・キリストの教えを、そのまま実践している姿こそ、教職員の、とりわけミッション・スクールで働く教職員の誇りであります。

「わかりたいのにわからない」かなしみがあれば、行って
「ダイジョウブだ」と言い、
「取り残された」さみしさがあれば、
行って手を差し伸べ、後押しし、
やがて、しずかに姿を消している、
サウイフモノニ、ワタシハナリタイ。

人間の尊厳のために

いつの日か、君が、幸いにも父親となる日を迎えることができて、例えば、「お父さん、どうしてボクがかわいいの」と息子に尋ねられたとき、「かけっこで一番だったから」などと答えるような父親になってはいけません。そんな返事を聞けば、「ああ、お父さんはボクよりお馬さんのほうが好きなんだ」と思われてしまいますよ。そうではなくて、そう聞かれたときは、黙って抱き上げギュッと抱きしめて、オデコを軽くつついて、「おバカさんだな。どうしてなんかいらないんだよ。おまえだから、かわいいんだよ」と優しく言ってあげる父となりなさい。

何の「どうして」もなしに、理由との交換なしに、「あなたがあなたである」ことのみによって、あなたはすばらしい、あなたはよし、とすることを「人間の尊厳」と言います。「人間の尊厳」とは、理由なしの、無条件の愛に基づいて、君を他の誰とも交換できない、かけがえのない人間だとすることなのです。この、理由なしに君には愛され大切にされる価値があるという「人間の尊厳」こそ、君の人生に喜びと生きがいとを生み出させてくれるものなのです。

しかし、交換と取り引きを原理としている世の中や社会では、何の理由もなしに「おまえはいいやつだ」と言われることは絶対にありません。例えば君が病気になったり、けがをして働けなくなっても、世の中は困ったりはしません。君の代わりはいくらでもいて、君と同じ資格や能力を持っている別の人を雇えばそれでいいからです。世の中の仕組みの中で必要とされているのは、君なのではなくて、君の持っている資格や能力だからです。君の持っている資格や能力は、他の人のものと取り替えることができるし、別に君でなくてもよいのです。

さらに、交換するのにぜひとも必要な道具が「てんびん」です。右と左が釣り合ったとき交換が成立するからです。「てんびん」は右と左を比較し、比べる道具です。どっちが上か下か、どっちが重いか軽いか、大切かどうか、できるかできないかなどなど、比較し、比べっこするのです。だから交換と比較は同時に生まれるのです。上は大切にされ、下は捨てられます。できる人は大切にされ、できない人は馬鹿にされます。

他の人と比べられて悲しい思いをしたり、別におまえでなくてもと言われて、つらい思いをしたことが君にもあるのではないですか。

ただ、どんなに厳しくとも、君はこうした交換と比較に満ちた現実社会の中で生きていかなくてはならないのですから、交換の原理に基づいて、挨拶のやりとりはもちろん、合格を手にするための学力あるいは能力、健康に過ごすための体力、そして礼儀作法などをしっかりと身に付けねばなりません。しかし、それだけではなく、人間一人ひとりは他の人と取り替えることができない、かけがえのないものなのだ、理由なしに大切なのだという「人間の尊厳」を忘れないでいてほしい。この学園で学んだ者として、交換と比較で傷つき、つらい思いをしている人々に「理由なんかいらない。あなたはあなただからすばらしい」と語ることのできる人であってほしい。それが君たちに対する私の心からの願いです。

もう一度繰り返します。理由なしに、君はすばらしいのです。君が尊い人間であるための理由は必要ないのです。この「理由なしに」ということを別の言い方で言いかえると、君はもともと、はじめから、人間としての尊さを与えられてあるということになります。この「もともと」「はじめから」ということを、漢語では「天賦」と言い、聖書では、人間は「神にかたどって創造された」と教えます。神は、唯一の、理由なしにすばらしく尊い方です。その神のかたどりとして創造されてある君もまた、唯一の、理由なしにすばらしく尊い人間であるということです。この聖書の教えこそが人間の尊厳の根拠なのです。

この長崎南山学園で学ぶ君たちが、卒業後、例えば肌の色、出身地、財産のあるなし、障害のあるなしなど、そんなことで人間に上下のランクをつけたり、差別したりするような人ではありませんように。逆に、どうかどうか「人間の尊厳のために」を教育目標として掲げるこの学園の卒業生として、出会う人々に「あなたは理由なしに、比べっこなしに、すばらしい、愛されるに値する人間です」ということを伝える、神の愛の伝達者としての使命に生きる者となりますように。この長崎南山学園も、学園の前身であるカトリック長崎教区立長崎東稜学園もともに、神の愛の伝達者を世に送り出すために創立されたのです。

「人間の尊厳のために」の教育目標のもと、勉学に部活動に励み、汗を流す君たち一人ひとりの上に、神さまの祝福が豊かにありますようにお祈りします。

静けさの奇跡

バナナは上手にむけても、りんごの皮をむくのは不得手、ましてジャガイモとなればお手上げの私が、お母さんたちの日常を想像することは分不相応と言うべきでありましょう。しかしながら、当たっていようが外れていようが、想像しないことには同情も愛情も感謝もあふれ出ようがありません。想像力の欠如は愛の欠如である、学力の基本となる読解力は目に見えぬ背景を想像する能力のことだ、などと、常日頃、生徒たちを諭している身の上としては、ともかくあれこれ思いめぐらして、お母さんたちの日常を掘り出してみないことには感謝の泉は湧き出てくることもありません。ただ、掘ってはみたものの湧き出る「出づ水《いみ》」とはならず、水脈から外れた「出ず水」となり終わるかもしれません。

お母さんは、家族の誰よりも先に起きて、灯をつけ、火を入れて、お弁当を作り、朝食の準備をします。当のお母さんは意識しておられないかもしれませんが、そのすでにともされている灯の色のぬくもりと火の暖かさは、後から起き出してくる家族のみんなにとって深いやすらぎとなります。朝食を終えて、みんなを送り出した後は、お母さん自身も自分のパート仕事に間に合うように手早く家事を片づけなくてはなりません。昨晩から放り込まれていた洗濯物が洗濯機の中で渦巻く、その音よりさらに大きな掃除機のうなりが続きます。脱水が済んだ洗濯物をパーンパーンと一振り二振りすると、名残の霧水がちょっと顔をなでます。と、これくらいにしておきましょう。例えば、「今晩のおかずは何にしようかしら」と頭を悩ませながらの買い物風景を想像することは、玉ネギ一個の値段さえ知らない私の及ばないところですから。

しかし、これだけでも、お母さんがバタバタと忙しく立てる音とは対照的な静けさが、そこにあることは理解できます。おいしそうな「お弁当」も、食卓に並んだ「ごちそう」も、磨かれた「床」も、きれいに拭かれた「テーブル」も、アイロンのかかった「洗濯物」も、勢ぞろいしていますが、どれもこれもひと言も発することはありません。それらは美術の時間に教わった「静物」そのものです。その静けさは、お母さんはおしゃべりだとか愚痴が多いとかいうこととは、まったく別のものです。お母さんはおしゃべりかもしれませんが、お母さんが作ってくれたお弁当は何も語ることはありません。アイロンのかかったハンカチは

ポッケの中で静まっています。その静けさの中に秘められてある、それが愛と呼ばれるものです。

静まりかえって何の声も発せず、音も立てないもののうちに秘められてある愛を見て取るのは、雨の音を聴き取るのに似ています。雨そのものの音を聞くことが誰にもできないように、誰も愛そのものを肉眼で見て取ることはできないのです。ただ雨粒が窓にあたる音、木の葉を打つ音が響いているだけです。お母さんたちが胸に抱く愛の覚悟とは、そうした静けさの中に居座る覚悟でありましょう。共にいるのに、共にいない、という静けさにとどまろうという覚悟です。愛の深さは、愛する者に気づかれないままに「共にある」という、その姿のうちに示されます。静けさとは気づかれないということです。それゆえつらいのです。つらいが故に覚悟と言います。しかし、その静けさが身にしみるとき、お母さんは初めて愛の人となるのです。

母たることは、ほんとうに困難で険しく、報われぬことの連続です。しかしまた、なんと崇高で尊いものでありましょう。母たることは、また、必ず人生の充実を味わうことができる道であることを私は確信しています。なぜなら、人は、交換と取り引き、損得計算と比較競争の繰り返しのために生まれてきたのではないからです。母たる者の差し出す静けさという名の愛によって、例えばご子息が、「ああ、この人は僕を無条件に大切にしてくれる、唯一無二の人なんだ」と思い知るとすれば、母たる者の使命は果たされているのです。

聖書の言葉で結びます。

しかし、嵐の中に神はおられなかった。嵐の後に地震が起こった。
しかし、地震の中にも神はおられなかった。地震の後に火が起こった。
しかし、火の中にも神はおられなかった。
火の後に、静けさが訪れた。
神は、その静けさの中で語りかけられた。

（旧約聖書『列王記上』19・11―12参照）

振り向くということ

生徒を名前で呼ぶ、ということは教育の場ではとても大切なことです。通常は生徒の姓に「さん」を付けて呼びかけるのですが、男子校である私どもの学校では、「さん」なしの呼び捨てが普通のようです。さらに親しさを増すと姓ではなく、名前だけを「さん」なしで呼びかけるようになります。私なども、例えば部活動の様子を見るときや、運動部の試合の応援の際には、「イケー、シュート」などと叫んだりもします。「シュート」は「ゴールを決めろ」というのではなく、修斗という生徒の名前です。サッカー好きの親が名前を付けると、こうした現象がしばしば生じます。

クラス担任や教科担当者が、生徒の名前を覚え、親しんで呼びかけるのは、生徒自身が受け入れられ、承認されていることを伝達するための基本です。生徒を名で呼ばない、あるいは呼ぶことのできない教員がクラス運営をするなどということはありえません。それがいかに効果的なことであるかは、生徒の名前を呼ぶことからもっとも遠い位置にあるはずの校長から名前を呼ばれたときの生徒の反応からも分かります。「タケノリ、この前の試合は、もう少しのところだったなあ。次はまた、がんばれよ」。「ユウキ、ジュース買うんだったら、十円だけ出してあげてもいいぞ」。「もっとしっかり勉強しろ、あんな点数じゃダメだ、ハヤト」。タケノリも、ユウキも、ハヤトも、驚きと照れくささと、そして何とも言えないうれしそうな表情を浮かべます。

名前を呼ぶことのすばらしさは、それが個を呼ぶことであるが故です。個とは固有であって、君以外の誰を呼んでいるのでもない、まさに君に呼びかけているのだ、という「呼びかけるわたしと呼びかけられているあなた」という関係の唯一性が創造され、確認されるのです。したがって、例えば校長訓話というものが効果を表すのは、その訓話が体育館に居並ぶ生徒たち全員に向けてのものではなく、その中のただ一人の生徒に向けて語りかけるものであるときであるということになります。一般に、全員に向けての話というのは、報告であり、連絡であります。「人間とは、かくかくあるべし」と熱弁を振るったとしても、それは「人間とは、かくかくしかじかの存在である」という気合いの入った報告であり、連絡であるにすぎません。

ヨハネ福音書の復活物語の中に、復活したイエス・キリストがマグダラのマリアの名前を呼ぶ場面があります。マリアに向かって、「婦人よ、なぜ泣いているのか」と問いかけるイエスを、マリアは園丁だと思ったと。そして、イエスがあらためて「マリア」と呼びかけると、ここが非常に印象的ですが、「彼女は振り向いて、『ラボニ（先生）』と言った」と記されています。「振り向く」とは、個としての自分に対する呼びかけへの応答であり、それまで背を向けていた相手と正対し、正面から向き合う行為です。「婦人」という複数になり得る呼びかけによってはかなわなかったことが、「マリア」という唯一性への呼びかけによって開かれたのです。

復活という出来事は、イエスが墓を開いたという事実のみではなく、復活された方がイエスにほかならないということに目を見開いた者たちがいることによって、はじめて出来事となったのです。その目を見開かせたのが、「マリア」という名前を呼ぶことでありました。名を呼ばれて振り向くのは、「それはわたしのことだ、わたし以外にはいない」という唯一性の承認と肯定とによるのであり、一方また、名をもって呼びかける者もまた、そこに他との比較を交えることのない、唯一の存在に向けて呼びかけているからなのです。それ故、愛のうちにある呼びかけは、常に、固有の名をもってなされるのです。

教育の場にあってもまた、単に慣れ親しみの結果としての「名を呼ぶ」ではなく、そこには生徒一人ひとりの唯一性に対する尊敬と愛とを確認しつつの「名を呼ぶ」でなくてはならないのでありましょう。生徒の名前を呼ぼうとするたびに、戸惑いと、緊張と、間違いないかとの確認とが常に伴う私などは、その良き模範としてたたえられるべきであります。

愛の機

四月初めの始業式・入学式以降、生徒たちの挨拶の姿が、たいへんすばらしいと感じています。もちろん、生徒それぞれの声の大小、高低、明暗の違いはありますし、また、同じ生徒であっても、日によって、背筋の角度や浮かべる表情が異なることがあります。しかし、いったん立ち止まり、背筋を伸ばし、両の手を体側に付け、一瞬の正視の後、一礼して「おはようございます」と声を出す、それが本来あるべき振る舞い方であることは、しっかりと頭に入っている様子です。もっとも日常茶飯においては、それが略されたものとなるのは当然でありますが、基本型が身に付いていれば、やるべきときはやることができるのです。

この挨拶一つを取って見ても、それが先生方の、繰り返しの、根気強いご指導の賜物であることは明白です。ありがとうございます。古代ギリシアの哲人もローマの賢人も、口をそろえて言うことの一つは「徳とは、その者の身に付いて、おのずから発揚される美しい振る舞いのことである」ということです。言うまでもなく、力みを感じさせることなく自然な振る舞いになるというのも、身に付くまでの継続的な修行努力を経た後のことです。生徒たちが、挨拶をはじめとする生活の基本型をしっかりと身に付けることができるよう、引き続きのご指導をよろしくお願いします。もちろん、将来、生徒たちが自分なりに、型破りな振る舞いによって個性を発揮することもありましょう。しかし、そもそも型を身に付けていない者が、型を破るということは、原理的に不可能なのです。

ただ、愛のみは、他の徳とは違って、繰り返しの努力によって型が身に付くなどということはありません。身に付いて、おのずから湧き出るように振る舞うことができる、それは愛なのではありません。愛は、やがて、身に付いて、自然に、苦労なしに継続できる振る舞いなのではありません。愛は、いつまでも、そして常に、苦痛であり、努力であり、不自然であり、したがって不器用でもあり、さらには意志による決断を要します。愛は「好きである」、あるいは「好ましい」とはまったく別の次元の振る舞いです。それゆえ、愛は誓いのもとに置かれねばならないのです。例えば、愛は「順境にあっても逆境にあっても、病気の時も健康の時も」愛する、という誓いによってのみ支えられます。対して、好きであることには決断も誓いも不要です。

「汝の敵を愛せよ」とは、愛の何たるかを端的に指し示す真実の言葉です。そのイエス・キリストの命令は、矛盾や逆説などではありません。誤解を恐れずに言えば、愛の対象は、敵でしかあり得ないということです。敵のみが愛の対象であり得るのです。もし仮に敵が敵でなくなれば、それは好ましい相手であって、苦痛も努力も決断も不要となり、愛の資格を剥奪されることでしょう。愛にあっては、慣れることも、身に付くことも、自然に振る舞うことも決してありません。例えば、母親が幼い愛息をやっと寝かしつけて、子育ての疲労の中で頭を枕に付けた。その寝入りばなを狙ったように、夜泣きを始める、その幼児は、文字どおり、母親の安眠を妨げる敵であります。敵であるからこそ愛息なのです。深いため息とともに、ほつれた髪を気だるくかき上げて、その敵を胸に抱きあやす母の愛のなんと深く大きいことでありましょう。

先生方にとって、生徒が敵となるとき、仏教で言うところの「愛する機」は熟していると言うべきです。好ましい生徒に対する愛は不要であり、また、そもそも不可能です。大切にしよう、大事にしようという愛への決断も誓いも不要であるからです。むしろ、生徒たちが憎々しく思えるときこそ、機は熟しているのです。どうか生徒たちを神から与えられた「愛の機」として大いに活用していただきますように。忍耐と継続と繰り返しとは教育の現場における必需品であります。それに加えて、生徒たちが、卒業後、一人で大きくなったような顔をして、例えば新聞で立派なことを口にしている。その記事を読んで、心静かにほほえんでいる、そんな教師であれば、天国行きは確実であります。今朝もまた、週番の生徒たちと一緒に、雨の中、「おはようございます」と、登校してくる一人ひとりに、繰り返し繰り返し声をかけてくださっておられる先生、ほんとうにありがとうございます。

良識ある人――ある日の朝礼講話――

私は、みんなも知っているように、高校三年生の宗教の授業を担当しています。しかし、その授業の様子を見るたびに、これは毎年同じようなものですが、そのけなげな姿に感動させられます。けなげというのは、高校三年生が必死で取り組んでいるのは、私の宗教の授業ではなく、英語であったり、数学であったり、化学や物理であって、しかも私の話も聞いているかのように振る舞うその優しい心遣いを言います。高校三年生のみんなは、要するに大学受験に必要な科目を一生懸命に勉強しているのです。当の授業担当者である私はと言えば、腹を立てるわけでもなく、イライラするわけでもなく、かえって、頑張れ頑張れと心で声援を送りながら授業をしています。もともと四月の最初の授業開始時に、「私の担当する宗教倫理の授業は、皆さんが私を無視する力と私が皆さんを惹き付ける力との勝負だ」と言ってあります。もちろん私がいつも負けるわけではなく、時には私の完封勝利ということもあります。そんなときはガッツポーズで、「ざまあみろ」と心の中で快さいを叫んでいます。受験生である高校三年生と私との真剣勝負の勝率を上げることがまた楽しみですし、そのための教材研究にもおのずと熱がはいるというものです。

江戸時代の思想家に中江藤樹《なかえとうじゅ》という人がいて「時処位」ということを言いました。その趣旨は、自分の振る舞いは「時と場所と立場」をわきまえ、判断し決定せよ、ということです。結婚披露宴ならば、めでたい席なのだから笑顔を基本にして、主役は自分ではなく花嫁なので、その立場をわきまえて花嫁より地味な服装に控えておく。あるいはまた、葬儀参列の際は態度も表情も慎み、着衣も色柄物は避けるといった具合です。こうしてみると「時処位」とは、いかにもありきたりの古めかしい教えのようです。授業で言えば、ここは学校で、あなたたちは生徒で教師の指導に従うべきであり、宗教倫理の授業中はその授業に集中すべきであるということで、さらにその授業中に他の教科をやるとは何事か、という叱責までが想定されそうです。しかしながら、中江藤樹の言う「時処位」は、そうしたありきたりの常識的な判断に基づく行動を推奨しているのではありません。高校三年生の例で言えば、自分は高等学校の三年生ですが、大学受験をひかえた受験生でもあります。ここは勉学に適した教室です、宗教倫理の授業の時間ではありますが、しかしそれは受験科目ではありません、という「時処位」の判断が下されれば、その判断に従った振る舞い、すなわち受験科目に取り組むことを選択する生徒が出てくるのも当然であります。

「時処位」の教えは、とりあえずは常識的な判断に従うことを身に付けるにしても、自分が置かれている時と場所と立場とをどのように捉えるかは各自の自由な判断に委ねられているということを教えているのです。江戸時代という封建社会にあって、すでにこうした自主的判断の大切さが説かれていたのです。そしてまた、そうした自由な判断がなかったとすれば、人類はいまだに、例えば、天動説の世界観を常識とする中に身を置き続けていたことでしょう。いわゆる世間の常識を身に付けるとともに、常識に囚われない自由さも発揮できる、そうした人物を良識のある人というのです。生徒の皆さんが単なる常識のある人ではなく、良識を備えた人物として成長することを心から願っています。常識、当然、当たり前、そう言われることをしっかりと身に付け、身に付けた上で、常識の壁を破って新たな地平を切り拓く、そうした想像力と創造力とに満ちあふれた歩みこそが、皆さんの人生であってほしいと願っています。日常の平凡な繰り返しの営みの中にも感謝と感動と驚きを発見できるのも、良識人の特性にほかならないのです。

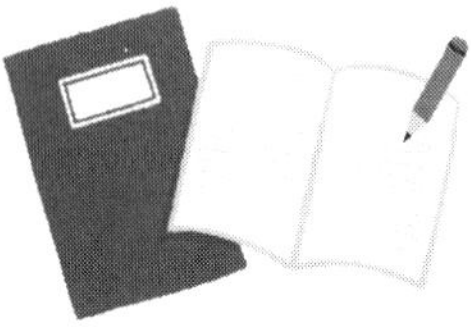

さあ、良識ある者となるために、まず常識を身に付けなさい。これまで人々が営々として築いてきた伝統的な知恵と知識を獲得するように懸命に努力しなさい。その上で、それを正しく検討し、君の、君独自の考え方を、相手にも理解できる言葉で伝えることができるように励みなさい。今は休息、安息の時ではありません。君にとっての今は、これからの人生の基礎を築くときなのです。怠らず励み、自分を鼓舞して、土台となる固い杭を深く打ち込むために、思い切り汗を流しなさい。神の祝福を祈ります。

但《ただ》、礼拝《らいはい》を行《ぎょう》ず

君たちは法華経《ほっけきょう》というお経の名前を聞いたことがあるでしょう。その内容は知らなくても、「南無妙法蓮華経」というお題目を耳にしたことはあると思います。中身は知らなくても題目を口にすることができるというのは、数あるお経の中で法華経を一番大切な経典であると主張した、鎌倉時代の日蓮聖人《にちれんしょうにん》の目指したところでもあって、聖人の意図は広く実現していることになります。しかし、言うまでもなく、その中にはどんなことが説かれているのかを知ることも大切です。源氏物語と言えば紫式部、聖徳太子と言えば十七条憲法とだけ暗記して、実際は読んだこともないのに「知っている」とうそぶく人は多いのです。そこで、法華経については、題目だけではなくて、その中身の一つだけでも君たちに紹介してみましょう。

法華経は全部で二十七章から成っていますが、その第十九章に「但、礼拝を行ず」（ただ、らいはいを、ぎょうず）という一句があります。「らいはい」というのは「れいはい」

の仏教での読み方で、「神を礼拝する」というときの礼拝のことです。「但、礼拝を行ず」というのは、常不軽菩薩《じょうふきょうぼさつ》という方が実践なさった行で、この菩薩様は誰かと出会うたびに、その人を礼拝して、「我、敢えて汝らを軽しめず。汝らは、まさに作仏すべし」、つまり「私は、あなた方を軽んじません。あなた方は必ず成仏、悟りを得て、仏になることができます」と宣言し続けたというのです。出会う人出会う人に、それがどんな人であっても、区別なく差別なく、礼拝して「成仏できます」と言い続けたというのです。

それまでは成仏できるのは出家した人、男性に限られるというような考え方が広まっていましたし、さらに出家した男性であっても、誰もが仏になれるわけではないとされていました。そうした中で、この常不軽菩薩は、その名のとおり、どんな時も誰に対しても、その人を軽んじることなく、出会う人出会う人を、仏になる可能性を持っている人として心からの尊敬を込めて礼拝し、「あなたは仏になることができます」と宣言し続けたのです。出会う人、誰に対してもというのですから、当然、性別、出身、身分は関係なく、成仏できると言ったのです。こうした考え方が法華経というお経には貫かれていて、これがあの有名な天台宗をひらいた最澄の「一切衆生悉有仏性《いっさいしゅじょうしつうぶっしょう》」、生きとし生けるものはみんな、例外なく成仏できる可能性を持っているという教えの基礎となっているのです。

君たちのお母さんのことを思い浮かべてごらんなさい。君たちのお母さん方の中には、君たちを学校に送り出した後、仕事に出かけておられる方も大勢いらっしゃいます。君たちも学校の勉強、部活動で相当のエネルギーを使っていますが、お母さんもまた、家事に仕事に、たぶん君たち以上に体力気力を使っておられます。それにもかかわらず、君たちが朝起きたら朝食の準備がしてあって、お弁当が作ってあって、部活動で汚れた運動着は洗濯してたたまれて置いてあります。当たり前のように、そこに静かに差し出されてあります。それを当然自然と思っている君たちは、感謝などしていないでしょうし、いちいち「ありがとう」とも言ってはいないでしょう。そのように、当然のように静かに差し出されるものを、宗教では「お供え」と言います。また、自分は報われなくても、相手を大切にすることを礼拝と言います。

お母さんは、毎日、君にお供えをし、礼拝しておられるのです。君を常に軽んじることなく「あなたは大切な人です。立派な人間として成長する可能性を持っています」と確信しておられるのです。「但、礼拝を行ず」という、法華経に出てくるあの常不軽菩薩が実行なさったのと同じ行を、君と家族みんなのために実践しておられるのです。常不軽菩薩は「よけいなことは言うな」「うるさい」と「悪口罵詈《あっくめり》」、つまり罵られ、さらにひどいときは石を投げつけられ、棒で殴りつけられた、と法華経に記されてあります。君はまさか、お母さんに石を投げたり殴りつけたりすることはないでしょうが、鋭い目でにらんだり、思いやりのない言葉を投げつけたりすることはあるのではないですか。

さあ、静かに差し出される「お供え」と「礼拝」とのありがたさに気づくために、君もまた、静かなひとときをおもちなさい。心静かに過ごすことのできる君は、「あなたはかけがえのない大切な人です」と言う声も、また聞くことができるでしょう。そして君もまたお母さんに対して、「あなたはかけがえのない大切な人です」と言って差し上げなさい。そして、年に一度でいいから、カーネーションをお供えしてあげなさい。

心地よい風

心地よい風は、静かに吹き来たり、吹き去ります。「ああ、いい風」とため息をつく頃合いには、襟をゆるめる手をなで去って、もうすでにかなたの木の葉を揺らしています。夏の盛りの日暮れ時、西日を避けて身を寄せた木陰に吹き入る風に、亡き母を思います。親孝行も間に合わず、姿勢を正して「ありがとう」のひと言を告げる間もなく、母は去っていきました。

さて、私は移動の際には、電車、バスが通常の手段で、つり革を頼りに週刊誌を読むのが常でありました。ところが、電車の中で「あれって、校長じゃない」「そうそう、南山の」と言い交わすささやきを耳にしてから、手にするのは週刊誌から聖書へとすり替えられることとなりました。公共交通機関を利用する際の立ち居振る舞いは、生徒募集に直結しますから、致し方ありません。私学の校長というのは、なかなか大変なのです。もっとも「さすがはミッション・スクールの校長ね。あれって聖書でしょ」という声は、いまだ耳にしたことはありません。

ある日のこと、聖書を片手にいつものごとく電車に揺られていたところ、後ろから女の子の優しい声がします。「おじいちゃん、おじいちゃん」。言うまでもなく、私にはおじいちゃんと呼ばれる自覚も筋合いもありませんので、黙って聖書に目を落とし続けていました。するとまた、先ほどより強度と高度を増した声で「おじいい、ちゃん」と、その女の子が呼びかけます。電車に乗り合わせているお客さんの目が一斉に自分に向けられているのを感じました。その目もとに浮かぶ微苦笑、身をかがめて吹き出す笑いを抑える手の甲を目の端に捉えながら、女の子に向かって「わたし、かね」と言うと、「はい、おじいちゃん、どうぞ」と座席をすすめます。強情を張らずに「ご親切に、ありがとう」と素直に座らせてもらいました。

「おじいちゃん、楽ですか」「はい、ご親切にありがとう」。

「おじいちゃん、気持ちいいですか」「はい、おかげさまで」。

「おじいちゃん、どこまで行きますか」と、おじいちゃんの連発。これにはほんとうにまいりました。ここは早めに立ち去り、離れるにしかず。「おじょうちゃん、せっかく席をゆずってもらったけど、次で降りますからね。ほんとうにありがとう」と立ち上がって、用もない駅で電車を降りました。そこで十分待って、次の電車に乗ったのです。「だから、人に親切にしたときは、さっさと姿を消しなさい」。「いい風というのは、サァッと吹いて来て、サァッと吹き去るのです。君たちも、そんな風のように、サッと立ち去る紳士となりなさい」と講話を結ぶと、体育館に居並ぶ生徒たちのあちこちから「かっこいいジャン」という、男子高校生特有の低音のささやき、つぶやきが漏れ聞こえました。その反応に、私が感動しました。もっとも、私の話し方もうまいからでしょうが。

「ああ、いい風」という、思わず口をついて出る言葉、それはもうすでに感謝であり称賛なのです。不器用な男の子は、まあ女の子も同じでしょうが、お母さんが作ってくれた夕食を、「おいしい」とも言わず、まして「ありがとう」などとは口にせず、ただ黙々と食べることしかできないかもしれません。しかし、空っぽになった皿も丼も、お母さんをたたえています。そこに「おかわり」の手が差し出されれば、それはもう勝負の後のダメ押しでありましょう。

子育てには、風が必要です。目にも見えず、姿も見せず、黙して施し、黙して立ち去る風のごとき姿を、聖書は「聖なる霊の働き」としてたたえます。その聖なる霊は、また愛の霊でもあって、自らを裂き、分かち、与えるのです。子育てにあたられているお母さん方のご苦労ご心痛に心からの敬意を表します。自らを裂き与える痛みと報われぬままに立ち去るその潔い姿は、同じ働きをなされる神である霊によって豊かに祝福されることでありましょう。孝行したいときに親はなし、身にしみる言葉であります。

臨機応変

九月。台風接近の予報がありました。体育祭開催予定の当日に最接近するというのです。体育祭と言えば、卒業式、入学式に次ぐ重要な学校行事です。予備日も予定日から三日のうちに設定していましたので、雨台風ともなればグラウンド使用もおぼつかない。さあ一大事と、生徒も教員も浮き足だちます。何せ男子校のこととて、授業中にはとても見ることのできない熱心さと集中力で練習し、準備し、家族はもちろんガールフレンドまで招待してあるのですから、体育祭は生徒たちにとっては、文字どおり、晴れの日でなくてはならないのです。

生徒たちが校長室へやって来ては、「体育祭、ぜったいやってください」と訴え、廊下で顔を合わせると、「台風を吹き飛ばしてください」「台風を太平洋に引き返させてくださ い」と言い募ります。熱心ではありますが愚かと言うほかありません。しかし、教育現場に身を置く者としては、その熱意と愚かさをともにするより他に術がありません。姿勢を正し、目を閉じ、両の手を合わせて、「神さま、どうか体育祭を予定どおり実施させてください」と、常には見られない熱心さと愚かさとをもって祈りをささげました。

「新しいぶどう酒は新しい革袋に」、これはキリストの言葉としてよく知られているものの一つです。この言葉を「古くさい考え方に凝り固まっている人は、新しい切り口からの発想を受け入れがたいものだ」というふうに捉えている方も多いようです。しかしながら、この言葉は「婚礼の客が花婿と一緒にいる間は断食しない、花婿が奪い取られるときに断食する」というたとえ話に続いて語られていますから、「新しいぶどう酒は新しい革袋に」で終わっているのではなくて、それに続くはずの「古いぶどう酒は古い革袋に」が省略されていることが分かります。したがって、この言葉の意味は、機に応じて敏であれ、すなわち臨機応変の大切さを教えているということになります。

　臨機応変の内実は次のようなことでしょう。何があっても変えてはならないことがあり、変えねばならないことがあり、そのいずれであるかについての識別能力を備えていること、さらにまた、変えねばならないと判断されたならば、敢然とこれを実行する気概。ラインホルド・ニーバーは、

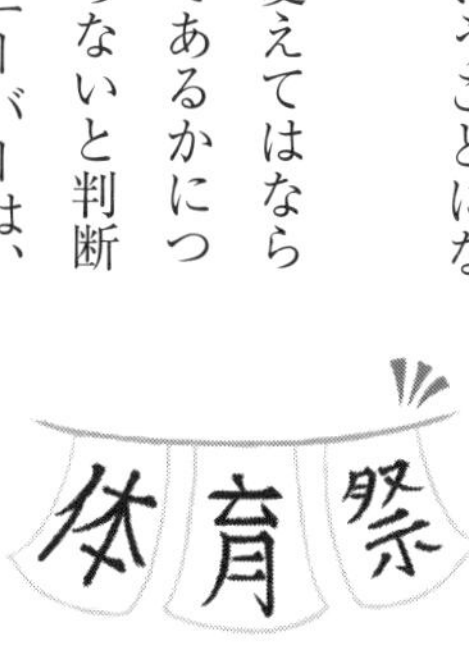

これを祈りとすることによって、意識化しました。祈りは、自らの力の及ばぬ領域のあることを認める謙虚さ、そして自らのうちへと意識化するという、人間のみに与えられてある尊い営みであります。

誰にでも、自分の力の及ばないことはあるのだよ。天気天候はその典型です。そうした状況に立ち至ったとき、人は祈るのです。祈りは、自分の思いどおりになりますようにという願いから始まって、思いどおりにならない時は、どうかそれに応じた対処対応がふさわしくできますように、という受け入れの覚悟で締めくくるのです。臨機応変、君たちがどんな状況にあっても、紳士的振る舞いを忘れず、対処対応することを願っています、と。これが、幸いにも前夜から雨は上がり、晴天とまではいきませんでしたが、かえって涼しい薄曇りの中で、予定どおり実施された体育祭冒頭での挨拶でした。

予定どおり実施されるとなって、早朝から笑顔でテント張りの準備をしている生徒たちに「日は射さないし、涼しいから、テントは要らないだろう」と声をかけたところ、「校長先生、日は射さなくても、もし雨が降ってきたら雨宿りできるじゃないすか。臨機応変、りんきおうへん」と最後はお題目のように繰り返しておりました。体育祭冒頭の挨拶は、生徒から教えてもらったことをそのまま使ったのです。

謙虚さのうちに、生涯、意識して保ち続けられるべき願い、念願を心のうちに抱き続けること。それは組織ばかりでなく、一個の人間についてもまた、その成熟した姿の特質でありましょう。生徒たちが、生涯、その心のうちに保ち続けるに値する願いに出会い、また見いだす努力を重ねることができますように。生徒たちが、人間のみに与えられてある特性、「祈りの人」となることができるよう、そのための支援・援助を惜しまない。それがまたミッション・スクールと呼ばれる学校の重要な使命の一つでありましょう。

飼い葉桶

皆さんは高校生のお子さんと同級生、同じ年齢です。保護者会の話をそう言って切り出すと、お母さん方は一様に不思議そうな顔をしながらも、まんざらでもないような表情を浮かべられます。さらに、「ですから、皆さん、女子高生みたいなものです」と念を押しますと、会場いっぱい笑顔が開きます。そう、お母さんはお子さんを出産されたとき、名実ともに母となったのです。母の誕生と子の誕生とは常に同時なのです。母なくして子はなく、子なくして母とは呼ばれません。両者はともに生まれ、同じ齢を重ねていきます。

クリスマスが神の子の誕生日であるならば、それは同時に父なる神の誕生日でもあります。父なくして子はなく、子なくして父とは呼ばれません。父の誕生と子の誕生とは同時なのです。しかも、子は人としてお生まれになりましたから、神もまた晴れて、人の子の父親となられたのです。その晴れのお祝いの日がクリスマスです。しかしまた、人として生まれたということは、人は必ず死を迎えるときが来るのですから、誕生と同時に、死をもその身に引き受けられたのです。この神の覚悟こそが神の愛にほかなりません。

こうした同時性は、実は、日常の中にあふれています。バスの座席を「どうぞ」と譲る、譲られた相手が「ありがとうございます」と言って座る、こうしてはじめて座席を譲ることは実現されます。「いえ、結構です」と拒絶されればおしまいです。差し出すことと受け取ることとが同時に生じるとき、座席譲りは成立するのです。車いすを押す人とその車いすに乗っている人、料理を作る人と食べる人、教える人と教わる人、叱る人と叱られる人、道を歩くことと道があることなどなど、きりがありません。

同時性は、日常茶飯の出来事の中に、しかも繰り返し繰り返し生じますから、気づかれないまま、当たり前の中に沈んでしまいます。ちょうど、座っていることができるのは、実は引力があるおかげだなどとは思ってもみないように。しかし、時に、心静かに、日常の中に身を潜めている同時性を眺め見れば、例えば世話をしている自分は世話を受けている相手より偉いのだ、上なのだという思いの浅はかさが身にしむことでありましょう。逆にまた、世話をしてもらっていることについての要らざる引け目も姿を消すことでしょう。

近頃の高校生の言葉遣いによれば、神はチョーイダイ（超偉大）な方なのであって、飼い葉桶に寝かせられるなどということは、かなりヤバイことなのです。かなりヤバイというのは、例えば、ゾウさんがツバメの巣の中にいるよ、そうお話しする幼稚園の先生に、「はいれなあい」「おおきいから」と口々に言い募る園児の素朴な感覚のことです。高校生の別の表現で言えば「アリエナーイ」であって、とても無理、信じられない、考えられない、といった感覚の表明です。

神と飼い葉桶がワンセット、飼い葉桶にのっている神の子と神の子をのせている飼い葉桶、この目に見える事実が、神であって人、人であって神という同時性を目に見える形で証ししているのです。救い主の誕生とともに救われる人も同時に誕生します。差し伸べられる手の先に、その手にすがる手があります。それはまた、すがる手があるが故にこそ救いの手は差し伸べられる、という単純な真実です。

「神に感謝」とは日々の祈りの常套句ではありますが、他方、神が愛と慈しみにあふれ、恵み深い方であるとたたえられるのは、その恵みを必要としている私がいるおかげなのですから、神もまた、「この私に感謝」と仰せられておられることでしょう。神と人との間を、上下関係としてではなく、同じ地平での交わりとして、目に見える形で示してくださった、それがクリスマスなのです。

クリスマスにあたって、中学生・高校生をお持ちのお母さま方、お子さんがその胸に安らぐ幼子であった頃をあらためて思い起こしてください。ありがたくは思っていても、素直に「ありがとう」を口にできないお子さんへ、先に「おまえのおかげで母になれたのよ。ありがとう」と感謝してあげてください。母と子の誕生は同時ではありますが、「この私が愛を知ったのは、神がまず先にこの私を愛してくださった故である」という順序は絶対なのであって、それは母と子との間でも同じです。

クリスマスにあたり、飼い葉桶の上に安らぐ幼子である神の祝福が皆さんの上に豊かにありますようにお祈り申し上げます。

著　者

西　経一（にし　けいいち）神言修道会司祭

1955 年　長崎生まれ
1983 年　南山大学大学院文学研究科修了
同　年　カトリック司祭叙階
2008 年　学校法人南山学園　南山中学校・高等学校校長
2015 年　長崎南山中学校・高等学校校長
　　　　現在に至る

君《きみ》へ、そして君《きみ》のお母《かあ》さんへ
——教《きょう》育《いく》と家庭《かてい》の絆《きずな》——

著者——西　経一

発行所——サンパウロ

〒160‑0011　東京都新宿区若葉 1 ‑ 16 ‑ 12
宣教推進部（版元）　Tel.（03）3359 ‑ 0451　Fax.（03）3351 ‑ 9534
宣教企画編集部（編集）　Tel.（03）3357 ‑ 6498　Fax.（03）3357 ‑ 6408

印刷所——日本ハイコム㈱

2019 年 12 月 25 日　初版発行

ISBN978‑4‑8056‑2101‑1 C0016（日キ販）
落丁・乱丁はおとりかえいたします。